EVERYONE'S SEITSU

みんなの精《せい》通

編 ナ月
EDITOR NAZUKI
絵 阿部洋一
ILLUSTRATOR YOICHI ABE

イースト・プレス

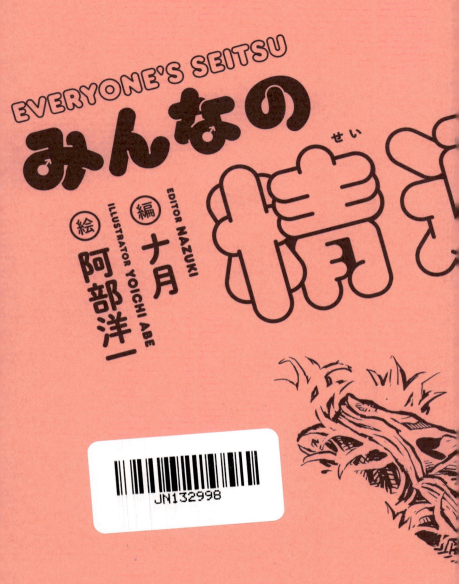

みんなの精通

㊣編 ナ月
㊣絵 阿部洋一

イースト・プレス

どんなに特殊なエピソードが来ても
100%信じる。
（勇気を出して初めての射精エピソードを語ったのに
嘘だと言われたら悲しいので）
これは読み手のあなたにもお願いしたい。
全部信じよう。

だから投稿する人も嘘だけはつかないでくれ。
これは男同士の約束だ。

匿名でいい。面白くなくてもいい。
ありのままの精通エピソードを聞かせてほしい。

編者のことば

精通。生まれて初めての射精のことだ。
精通は男子のそれまでの日常や世界の見え方を完全に変えてしまう。精通は男子の人生における大事件だ。そんな大事件が、世の中には男子の数だけ存在している。

それを集めたら、もはや事件簿だ。絶対に面白い。そう思って始めたのがnoteマガジン『みんなの精通』だ。そして『みんなの精通』は1000本以上の精通エピソードを集めることに成功した。そこには想像以上の驚きと笑いがあった。

本書は『みんなの精通』に投稿されてきたエピソードの中でも特に素晴らしかったものを厳選して収録している。どれも大事件と呼ぶのにふさわしいエピソードばかりだ。

今まで漠然と思っていた「精通とはこういうものだ」という常識が音を立てて崩れていく快感を体験できるだろう。

精通の経験がある男性の皆さんは、自分の精通に思いを馳せながら読んでほしい。「俺と同じような奴がいた」「俺よりスゴい奴がいた」「いや俺の方がスゴかった」…他人の精通エピソードと向き合う中で、今の自分の「性」の原点を見つめることができるだろう。

女性の皆さんにとっては、決して経験できないことだからこその新鮮味と、何より「男子ってこんなにバカなんだ」という衝撃が待っていることと思う。

青さにまみれたエピソードの数々、楽しんでいただきたい。

ナ月

CONTENTS

編者のことば 4

突然の精通

EP.1 デンプンのり 14
EP.2 声 14
EP.3 ヴィーナス 15
EP.4 回転 16
EP.5 報告 16
EP.6 ど根性タンポポ 17
EP.7 吸引力 18
EP.8 負け戦 18
EP.9 お母さん 19
EP.10 犬に見せたい 20
EP.11 焦りオナニー 22
EP.12 笑点 26
EP.13 ボディソープ導入 26
EP.14 仁義を切る 27

E.P. 15 捕食シーン 28
E.P. 16 ミッ◯ー 28
E.P. 17 そして男になる 29
E.P. 18 猫 30
E.P. 19 O 30
E.P. 20 催眠術 31
E.P. 21 無人島からの帰還 32
E.P. 22 プレステ 34
E.P. 23 頂上 35
E.P. 24 直感 35
E.P. 25 死を覚悟した夜 36
E.P. 26 インコのピー子ちゃん 37
E.P. 27 悲劇の登り棒 37
E.P. 28 ジミヘン 40
E.P. 29 屋根の上に吹く風 40
E.P. 30 パンチ 42
E.P. 31 エクスカリバー 44
E.P. 32 ビデオデッキ 46
E.P. 33 めそめそ 47
E.P. 34 スライムカンチョー 48
E.P. 35 大2 49
E.P. 36 ヨーイドン 50
E.P. 37 長さをかせぐ 52
E.P. 38 大会 52
E.P. 39 接骨院 53
E.P. 40 ピアノ・プレイヤー 53
E.P. 41 ポリアンナ 56
E.P. 42 匍匐前進 57
E.P. 43 縄跳びテスト 58
E.P. 44 川 60
E.P. 45 キンカン 61
E.P. 46 ファッション雑誌 62
E.P. 47 父と銭湯 63
E.P. 48 夏の終わりの焦燥感 64

好奇心と試行錯誤の精通

EP.1 レゴブロック 66
EP.2 発声練習 70
EP.3 シャーペンの芯 71
EP.4 胸キュンが降りてくる 72
EP.5 スタバ 72
EP.6 オナ兄 73
EP.7 筆おろしの悲劇 74
EP.8 実 76
EP.9 弟の頭 76
EP.10 コンビネーション 77
EP.11 虫眼鏡 78
EP.12 尊敬する人を超える 80
EP.13 ベクトル 81
EP.14 空中オナニー 82
EP.15 ふたつの選択肢 84
EP.16 描いたから見ろ 85
EP.17 ボーイズ&パンツァー 87
EP.18 セルフ 88
EP.19 グルグル巻き 90
EP.20 ダーティハリー5 91
EP.21 モリゾー 93
EP.22 母の下着 94
EP.23 風船で再現 96
EP.24 ファビュラス 97
EP.25 掘りごたつ 98
EP.26 ご仏前 100
EP.27 理科のテキスト 100
EP.28 記録ノート 101
EP.29 ブラウスの隙間 103
EP.30 潮吹き 104

EP.31 アメリカの夜 105
EP.32 8月 107
EP.33 7月25日 108
EP.34 最終兵器彼女 109
EP.35 射精キャンセル 111
EP.36 仮面ライダーオーズスレ 112
EP.37 スカート 112
EP.38 断片的な情報 114
EP.39 ジェットバス 115
EP.40 村上春樹その1 116
EP.41 村上春樹その2 117
EP.42 焦りオナニーその2 118
EP.43 「ちんこを触る」 120
EP.44 このシステムには穴がある 120
EP.45 マドラー 122
EP.46 政治ニュース 124

恋と友情と欲望の精通

EP.1 脱衣大富豪 126
EP.2 ネトゲで出会った女子大生 126
EP.3 片想い 127
EP.4 野球部の先輩 128
EP.5 実験体 130
EP.6 柔道一直線 130
EP.7 チャンバラ 132
EP.8 兄貴 133
EP.9 兄妹 134
EP.10 委員長と副委員長 137

EP.11 甘い香りの教室 137
EP.12 サークルの先輩 138
EP.13 掃除当番 139
EP.14 連載作家 142
EP.15 だいすき 143
EP.16 ボーイズトーク 144
EP.17 ごっこ 146
EP.18 年賀状 147
EP.19 ドアの前の犬 148
EP.20 プラトニック・ラブ 150
EP.21 思い出すそうです 151
EP.22 体育会系 154
EP.23 妖しく微笑んだ彼女 154
EP.24 好き好きお姉ちゃん 156
EP.25 It's a small world 158
EP.26 従姉妹の太もも 160
EP.27 プロフィール帳 162
EP.28 傘を差し出す少女 166
EP.29 ガムテープ 167
EP.30 友達のお父さん 168
EP.31 計測基準 169
EP.32 電気あんまマスター 170
EP.33 変身 174
EP.34 風呂を覗く 174
EP.35 男の娘 177
EP.36 玲子ちゃん 180
EP.37 学校説明会で出会った先輩 185
EP.38 保健室登校の子 186
EP.39 牛の乳搾り 189
EP.40 相撲部 191
EP.41 元気でワガママな彼女 192
EP.42 プールの波 195
EP.43 保健室の先生 196
EP.44 森田 198

EP.45 父子家庭 199
EP.46 エリマキトカゲ 201
EP.47 キノコ 205
EP.48 A子の家 206
EP.49 清拭 207
EP.50 パラダイス 209
EP.51 フレンズ・フォーエヴァー 211

EVERYONE'S
SEITSU

突然の精通

EP.1

デンプンのり

［#遺精（性行為を伴わない無意識の射精）］

小学校5年か6年の頃だったと思う。ある朝、猛烈な尿意で飛び起きた。

「これは漏らす、ヤバい」

そう思いながらトイレに駆け込んだら、ちんちんからデンプンのりのようなものがデロデロと出てきた。知識としては知っていたが見るのは当然初めてだったので、「これが射精か……」と感慨深い気持ちになった。特に快楽はなかった。デンプンのりにたとえたが、本当に半固形みたいな精液だった。ここまで濃度が高い射精はこのときが最初で最後だ。

ナ月

EP.2

声

［#自慰］

小1のときに拾ったエロ本を家に持ち帰ってやみくもにちんこいじってたら出た。声出た。

真空波動拳

ヴィーナス

［#自慰］

美術館のパンフレットに載っていた「ヴィーナスの誕生」を眺めながらちんちんをいじっていたら何か一線を越える感覚とともにねばいのが出てめっちゃびびった。

無記名

ep.3

EP.4

回転

［＃自慰］

小4のときに自宅の風呂の浴槽内でチンコをいじってブルブル回転させていたら射精しました。精液が何かすら知らなかった状態なのにお湯で凝固するし、のぼせて目が回るし散々でしたw

無記名

EP.5

報告

［＃自慰］

小学校4年生のとき、トイレで小便をしていたら友人から「お前ってちんこ小さいんだな」と言われてかなりショックだった。家に帰ってお母さんに相談したら、「大人になったら大きくなるから心配しなくていいよ」と言われた。

1週間くらい経ったあと、朝起きたらちんこが大きくなってることに気がついた。どうしたんだと触っているとどんどん大きくなるので、嬉しくなってずっと触ってた。お母さんのところに、「ママ！　すごい！　ちんちん大きくなった!!」と走っていった途中に精通した。びっくりして泣いた。

えらいほ

ど根性タンポポ

［＃自慰］

私が小学生の頃の話です。私が車通りの多い道路の側を歩いていると、側溝に綿毛のタンポポが咲いているのが見えました。当時の私は綿毛を見ると息を吹きかけずにはいられない変な子供だったので、地面に這いつくばって必死に綿毛に息を吹きかけました。しかし、綿毛は一房さえ飛ぶことはなく、私はその綿毛に「ど根性タンポポ」と名付け、飛ばすことを諦めて帰宅しました。

その夜、私が「あのど根性タンポポは元気かな」と思いながら股間を掻いていると、手に妙な感触があることに気づきました。パンツから手を出し見てみると、何か白みがかったべたつく液体が、少量手についています。まだ性知識が皆無だった私は「これは何だろう」と不思議に思いましたが、結局誰に聞いたりすることもなく、手を洗ってそのまま寝てしまいました。今思うと、あれは精液だったのだろうと思います。これが私の精通エピソードです。

桜庭大和

EP.6

EP.7

吸引力

［#自慰］

小学4年生のとき、お風呂のシャンプーボトルで遊んでいて、ノズルの吸引力が面白く風呂の水を吸ったりして遊んでいました。この吸引力ならおしっこを任意の時間に出せるのではと考え、ちんちんにノズルの根元を装着、皮で完全にくっつけてシュポシュポ吸いました。「あ、なんかおしっこ出そう、やばい漏れる！」と思った瞬間、精液がノズルに吸い上げられていきました。

れん

EP.8

負け戦

［#夢精］

夢の中で、自分はそれなりの武将でした。負け戦から馬に乗って命からがら逃げているという状況で、仲間は置き去りです…ほんと最低ですね…。馬に乗りながら、乗馬の姿勢というより前のめりになっている感じ…そこで上下に揺られていると、気がついたらナニかが出て起きました…。それからですね、無様な姿晒してのシチュエーションや、馬に興奮するようになりました…。人は簡単に歪みますね…。

もんごる

お母さん

［＃夢精］

9歳のとき夢で、僕のお母さんが上に乗っかってきて、胸を押し付けるみたいな夢を見て起きたらおしっことも違う液体があああえあああああ！！！　ヒエ――――！！！！　ワアアアアアア――ッッッ！！！！！

　もう思い出したくない。なんでお母さんにエッチなことされる夢を見たのか、なんでそれで夢精したかなんてわからない。脳のメカニズムって不思議ですね。僕はマザコンでもないし、かといってお母さんと険悪なわけでもないです。ついでに言うとお母さんは別に美人ママでもないです。フツーのおばちゃんです。だから嫌なんです！！！　美人だったらいいわけじゃないけど。フツーのおばちゃんだけど優しいお母さんなんです。トラウマです。

　そのときのことを思い出すたび絶叫したくなります。この話、もちろん誰にも話したことないです。思い出したくないけど吐き出したくて、今回おあつらえ向きの場を用意してくださりありがとうございました。

悪夢

EP.7

犬に見せたい

［＃動物］

EP.10

わたしは小6の春から夏にならないくらいのとき、家のトイレで精通しました。トイレには窓があって、換気のためかその日はたまたま開いていました。学校から帰ってトイレに入り用を足した後、ふと窓の外を眺めると裏の家の庭が見えて、その家の飼い犬のコーギーと目が合ったのです。

わたしはなぜかそのとき「この犬に自分のおちんちんを見せたい！」という衝動にかられ、Tシャツと下着、ズボンを脱ぎ、裸に靴下という格好で窓から身を乗り出しました。

その窓は、床から高い位置にあったため、窓枠に手をつき、鉄棒技の「つばめ」のように腕で身体を持ち上げないと窓からおちんちんを露出できません。

窓枠におちんちんを出せたそのとき、おちんちんのふぐりの部分がざらついた木の窓枠に触れたのです。その感触が気持ちいいのと犬がいまだ裸の自分を見ているのとで興奮してか、気づくとふぐりを窓枠の角に擦りつけていました。自慰のやり方に関する知識もないのに気がつけばその体勢のまま腰を前後に動かしふぐりの前面や背面を擦りつけ続けました。

すると、もっと幼い頃の、自分だけ置いていかれそうで焦ったときなんかに感じたじわっと股間にくる感じがこみ上げてきて、「なんだかわかんないけど、気持ちいい！　これどうなるの⁉」と思いながら絶頂に達し、ぴゅぴゅっと2、3回にわたって射精しました。気持ちよくて、床から浮いて宙ぶらりんの脚がぴんとまっすぐになって痙攣《けいれん》しました。驚いて、しばらく茫然と出てきたものを眺めてましたが、この白く濁った液体はたぶん保健で習った精子なのだろうと理解できました。
トイレットペーパーで窓枠についた精液を拭きながら、なんだか悪いことをしたような気持ちになりました。とはいえ、気持ちよくなりたい欲望には抗えず次の日からは意図的に自慰するべくトイレに向かうのでした。ネットを介してペニスをしごく自慰を知るまで1年くらい窓枠とか何かの角にふぐりを擦りつけるやり方で射精してました。精通したときより気持ちいい射精はいまだにしてない気がします。

ももんが

焦りオナニー

［＃追い詰められて偶発的に］

EP. 07

初めての射精、というより初めてのオーガズムは、僕にとってきっと一生忘れることができないものとなった。小学4年生の頃、月に1回ほど親に車で連れて行ってもらえる少し離れたことも公民館（に類する施設）の工作コーナーで、プラスチックに描いた絵をオーブンレンジで加熱することでキーホルダーにする、いわゆる「プラバン作り」に熱中していたときのことだ。

その日も僕はプラスチックの板に好きなキャラクター（ロックマンエグゼ）の絵を描き込んでいたのだが、その日はなかなか筆が進まない。夕方近くに来たこともあって、閉館時間まであと20分を切ったことが係員のお姉さんからアナウンスされた。

やばい。まだ描き終わってない。だけど刻一刻と閉館時間は近づいてくる。言いようもない焦燥に駆られて必死に手を動かすものの、はやる僕をあざ笑うかのように僕の指は思い通りに動いてくれない。このままじゃ完成しないまま、館の人に迷惑をかけてしまう（今から思えば何をそんなに焦っていたのかと思うが、当時の自分にとってはかなり気の急くことだった）。

背中に迫りくるタイムリミットに気圧されて額に脂汗が滲み、無意識に貧乏ゆすりをするように両足を交互にブランブランと揺らしてしまう。

そのとき、気が付いた。あれ？　何か気持ちいい？

今でいうペニスをしごいて射精することでオーガズムを得るオナニーのそれとは根本的に異な

る刺激だった。腰の奥、膀胱《ぼうこう》の裏側から切なくじんじんとした甘い刺激が込み上げてきて、やがて全身に波及し、ペンを握る指先にまでじんわりと温かい快感が伝わってくるようにすら思えた。迫りくる閉館時間に追い詰められれば追い詰められるほど、両足を交互に揺らすスピードは速くなり、比例するように腰の奥から湧き上がってくる痺れるような快感はどんどん強くなる。

わけがわからず自分の体がおかしくなってしまったのかと思ったが、当時の自分も本能的に理解していたのだろう。「このまま焦って、両足を振り続ければすごいことが起こるはずだ」と。

動物としての本能に突き動かされ、確信を得た僕は自分を精神的に追い詰めることと、内股に擦りつけるようにぎゅううっと両足で股間を圧迫することをやめない。脳髄《のうずい》を激しくとろかすようなあまりに甘すぎる刺激は僕の視界を歪め、はっ、はっと荒くなっていく呼吸はすでにペンを握った手にまともな線を引かせることすら許さなかった。どんどん、熱い何かが昇ってくる。全身を滾《たぎ》らせ、満たし、溢れかえらせるような、確かな快楽の嵐。まだ名も知らぬその快感に必死に追いすがり、掴もうとするように、僕の心臓の鼓動は早鐘を打つようにペースを上げ続けた。

そして、4~5分ほどそんな異常な状況に陶酔しきっていた僕に、とうとう絶頂が訪れる。

射精、したのだ。否。正確には射精ではない。今から思い返せばその絶頂感は確かに射精のそれに近いものの、当時の僕はまだ精通を迎えておらず、実際に精液をペニスから吐き出すことはなかったとはいえ――僕は天にも昇るような望外な快楽に身を打ち震わせていた。比喩ではなく、そのときの僕の眼前には宇宙があった。それが、僕がはじめて経験した性的絶頂だった。

僕が初めてエロ本を読んだのは中学2年生のときに部活の帰り道に拾ってからだし、家のネットは家族用だったのでアダルトページは検索でブロッキングされていた。はじめてエロサイトにアクセスしたのはPSPを買った高校生になってからだ。当時のそんな「エロ」に耐性のなかった小学生の僕にこの不思議な体験は、その感覚を追い続けることを病みつきにさせるのに十分すぎるほどの魅力を持っていた。

少しでもその状況を再現しようと親にはプラバン作りに行きたいと前にも増してせがむようになった。残念ながら自分で焦る状況を作り出してみても100%成功するわけではなかったが、通常のマスターベーションの手法を知らなかったその頃の自分にとって、宇宙を感じるほどの快感を得る方法といえばこの「焦りオナニー」以外に浮かばなかったのだ。

そうして、僕は精通を当然のようにこの焦りオナニーで迎えた。いつもと違ってパンツが濡れているような気持ち悪い感触があったことを今でも覚えている。

それからも僕はたまにこの焦りオナニーをするようになった。とはいえこれは相当に精神的な状況と周りの環境がガッチリと歯車のようにかみ合わないと成功しない代物らしく、成功にまで導けた例は数えるほどしかない。印象に残っているのは家族がいる部屋の中でPCを触っていたら起こったこと（理由は忘れた）と、中学の現代文のテスト中に終了時間に追われていたときに偶発的に射精したことぐらいだ。

すっかり焦りオナニーをすることもなくなった。というのもこれはしようと思ってできるものではなく、あくまで偶然が重ならないとできないからだ。最後にしたのは先述の中学生のときだった気がする。思い返しても、ペニスを刺激して射精する通常のウェットオーガズムとは（最後の射精感以外）全く違ったもので、全身を熱い波のようなエネルギーが行ったり来たりして暴れそうなあの感覚はこの焦りオナニーでしか味わえない。僕はいまだに未達成だが、男性が前立腺を刺激されて感じるドライオーガズムに近いものでもあるのではないだろうか。

今になってネットの海を自在に泳ぎ回る権利を得た僕は、この若かりし頃の自分が「焦りオナニー」と名付けたこの現象が他の人に知られていないだろうか――と調べてみた結果、同好の士が一定数いることを発見できた。それを議論するスレッドも見つけた。リンクを乗せることはしないが、Google検索で「焦りオナニー」と検索するといくつか出てくる。男の子だけでなく、女の子で同様の現象を体験したケースもあるようだ。

嘘っぽく聴こえるかもしれないが、全てマジの話である。今となっては焦りオナニーを再現することはほとんどなくなった。今でもたまに締め切りなどに追いつかれるとあのムズッ……という感覚が生まれそうになるが、なんとなく足をバタつかせるところまではいかない。とはいえ実に素晴らしい絶頂体験を味わえることは確かなので、これを読んだ方々は是非人体の不思議に思いを馳せると共に、こういうオナニー、ひいては精通の方法もあるのだと心の隅に留めておいてくれれば幸いである。

さとおと

ep.72

笑点

［#自慰］

精通について全く知識がないときに、笑点を見ながら何気なく触っていたら出た。多分笑点で精通したのは世界で自分だけだと思う。

みししっぴ

ep.73

ボディソープ導入

［#自慰］

小学校高学年の頃、はじめて家のお風呂にボディソープが導入され、物珍しくて体中のあらゆる場所（もちろん股間も）を入念に洗っていたところ、出てしまいました。最初はボディソープの液が尿管に入り、それがまた出てきたのかと考えましたが、子供心にどこか疑問に思い、後日数回の再現実験を経て、それが精通であったことを確信しました。

モバイルいわし

仁義を切る

［＃事故］

性的な興味も全然湧いていない頃に、癖でいじっていたら出た。快感はなく、痛みが強かったので驚き、「チンコが痛い」と血相かえて母に見せに行った。「お控えなすって」みたいなポーズで手のひらに出た物を乗せたまま…。

（か）

EP.74

EP.75

捕食シーン

［#動物］

小3の頃に町の図書館で借りてきた自然の生き物を題材にしたビデオがあり、映像中のカマキリの交尾後の捕食シーン、バッタを食べるシーンで興奮を覚え、精通に至りました。皆も同じようなことを感じてると思い友人数人にカミングアウトしたところ、ドン引きされたのはいい思い出です。

めしだ

EP.76

ミッ〇ー

［#自慰］

なんとなくちんこを触ると気持ちがいいことはわかっていた10歳頃、ミッ〇ーのパペットにちんこをつっこみ外側からもんでいたら、徐々に体感したことのない気持ちよさに頭が真っ白になり、気がついたら中出ししていました。腰が抜けて、夏場の蒸し暑いトイレの床にへたりこんだのを今でも覚えています。翌年初めてランドに行きましたが、まぁまぁ気まずかった記憶があります。

めーつかい

そして男になる

［＃自慰］

息子を太ももの間に挟んで見えなくしてしまう「女の子ごっこ」的なものに耽っていた小学6年生の頃。いつものごとく息子を隠して女の子気分に浸っていると、やたらと気分が高潮してきて「もしかして自分は女の子なのでは？」と思うとさらにわけのわからない興奮が高まってきて、「か弱い女の子なのぉおおおお！」と脳内で叫んだ瞬間に発射。そうして僕は男になった。

ドンドゥルマ

EP.77

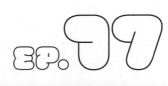

EP.78

猫

［＃動物］

小学6年生の夏、当時飼っていた子猫相手に寝転んだ状態でおちんちんを振って遊んでいたら突然猫がおちんちんを舐め始めた。驚いたけど経験したことのない快感にすぐに抵抗をやめ、そしてすぐに何かが来るのを感じ、慌てて子猫を抱えた瞬間、出ました。

勃ち猫

EP.77

O

［＃自慰］

小5のとき、自室に敷いた布団に寝っ転がりながら、親に買い与えられた英語の教材をいじって遊んでいた。少し固めのスポンジみたいな素材（ちょうど水泳のビート板みたいな質感）でできた各アルファベットのおもちゃを並べて遊ぶというものだが、その中で「O」のアルファベットにちんちんがすっぽりハマって面白かったので前後に動かしていたら、突然勢いよく射精し、自分の首元くらいまで飛んできた。その後数日間、何回かOナホールで再射精を試みるも初回の飛距離がどうしても再現できず、衝撃を受けたことを覚えている。

アルファベット筆下ろしマン

催眠術

［＃自慰］

中2の夏、キッカケは忘れたのですが「催眠術って本当に存在するのか？」という疑問を持ち、YouTubeで「催眠」と検索をかけ、動画を漁っていました。

そこで出会ったひとつの動画。催眠術で暗示にかかった女性が、ストロー付きのペットボトルを持ってジュースをひと口啜《すす》ったところ、白目を剥いて気絶するという15秒くらいの映像でした。

思いっきり勃ちました。

その日はこの動画をリピートしながら、自分もかかったフリをするという謎の行為をリビングで続けました。そうしているうちに、「あれ、パンツがなんか濡れてきたぞ…？」と思い、トイレへ。しかしおしっこがしたいわけでもない。何故だろう。なんとなく先っぽを触ってみると、気持ちいい。止まらなくなりました。その精通から、催眠ＡＶを知り、漁る日々が始まったのは後の話です。

ななしぃ

EP.20

無人島からの帰還

［＃自慰］

小4のとき、誰もいない我が家で、ふと無人島からの帰還者ごっこをしようと思いました。「無人島の人は全裸だな」と思い、おもむろに服を脱ぎ捨て、布団をぐるぐる巻きにして、脱出のための丸太を作りました。丸太にまたがり、人がいる島を目指すように、一生懸命脚を前から後ろに漕ぎました。疲れたらボディーボードのように丸太にしがみつき、手と脚をクロールでジタバタさせるのを繰り返しました。「もうすぐ島に着くぞ」と思うと高揚感が高まり、よりいっそう手脚の動きを早めました。

島に着くと思った瞬間でした。股間が激しく脈打ち、ぐるぐる巻きの布団に白い水たまりができていました。思わぬことで現実に返った僕は、よく分からないがマズイと思い、ティッシュで拭き取り、何事もなかったかのように布団を元に戻しました。その後は特に何事もありませんでした。

正式なオナニーを知ったのは中学1年生の頃でしたが、そのときはこの精通については思い出しませんでした。何故あんなにごっこ遊びに夢中になったのか、今ではよく分かりません。

犯すより犯されたい

EP.27

プレステ

［＃恐怖に震え上がって］

忘れもしない中1の夏、買ってもらったばかりの初代プレステで遊ぼうとしたときのことです。配線繋いで電源を入れても、画面が映らない。何度か試してもダメで、本当に壊してしまった！と思い込んでしまいました。

「まだ数回しか遊んでいないのに壊しちゃった…。どうしよう親になんて言おう…。あーもーほんと…どうしよう…」

恐怖で体が震え上がったことを覚えています。すると突然、その身体の震えからなぜか下半身がゾクゾクしてきたんです。そのうちアソコから、液体が伝ってくる感覚がしてきて、そのまま白濁液が結構な量出てきました。勃起していない状態から出てきたのをハッキリと覚えています。とにかく恐怖に慄いていたので、気持ち良さはありませんでした。

ちなみにプレステは配線がきちんとささってなかっただけで問題なく動きましたし、自発的な射精はそれから半年後くらいに自慰でやりました。いまだに初めての自慰の気持ち良さは覚えてます…。

無記名

EP.22

EP.23

頂上

［#夢精］

東京タワーのてっぺんからおしっこをする夢を見ました。「風に吹かれてするおしっこは最高！超気持ちいい！」と感じたのを覚えています。朝起きたらパンツがベトベトしていて、「これがあの保健の授業で習った射精か！」と感動しました。

ChaChaCha

EP.24

直感

［#自慰］

中学生時代、ある日突然「もしや俺は射精できるのでは？」と思い立ち、おちんちんをかわいがってやったところ射精しました。

世界文化遺産

死を覚悟した夜

［#自慰］

小学校5年生のとき。お風呂でチンチンをプロペラみたいに回す遊びが自分の中で流行してた。その日もお風呂に入ったときに「より多く速く回すにはチンチンのストレッチをしなければ」と思い、指でチンチンをグルグル回したら、出た。

当時なんの性知識もない自分は濃く黄色がかった初出し精子を見て、身体から大量の膿《うみ》が出てきたと思い、自分はもう長くないんじゃないかと思った。ものすごく不安だったが母親に心配をかけてはいけないと子供心に思い、黙っていた。死ぬ前の親孝行にと皿洗いを手伝った。今日寝たら二度と起きることはないんじゃないかと思った。涙が出そうになった。「お母さん今までありがとう」と思いながら寝た。

次の日の朝、目覚めた。無事また起きられて心底安心した。チンチンに違和感があった。涙じゃないものが出ていた。初射精と初夢精。

アスカザワールド

EP.25

EP.26

インコのピー子ちゃん

［＃動物］

小5のとき、母が仕事から帰るまでの間、祖父の家で過ごしていました。両親が祖父にプレゼントした手で持つマッサージ器を祖父がいない隙に息子に当てて振動を楽しんでいると、急にバシュッと射精しました。勢い余って、飼っていたインコのピー子ちゃん（♂）の鳥かごにかかってしまい、申し訳なかったです。

かめとん

EP.27

悲劇の登り棒

［＃自慰］

保育園児の頃から私は遊具で遊ぶことが大好きだったのだが、小学校に入ったときには校庭の遊具のサイズのあまりの大きさにかなり興奮した。小学校1年生のある日、男の子の友達ひとりと女の子の友達ふたりと私の計4人で、お昼休みの時間に登り棒で遊んでいた。そのとき、私が登っていた棒の隣の棒で女の子が先に自慢げにいちばん上まで登っていた。

「すごい速いなぁ」という気持ちで見上げるとスカートが風で揺れて、薄ピンクのキャラクターもののパンツがチラチラと見え隠れしていた。それをガン見しながら私も登り棒を登っていると、それまで味わったことのない感覚だったのだが、股間が妙にジンジンと気持ちいい。
スカートの中をガン見し続けながら小刻みに少し登っては降りて、登っては降りて、また登っては降りてと、何度も何度も繰り返した。今思えば小刻みに登り降りを繰り返す姿はかなりシュールだっただろう。これを繰り返していると他のことが何も考えられなくなる程に気持ちいい。初めのうちはとても悪いことをしている気分だったが、じきにそんなことはどうでもよくなった。やがて友達3人は登り棒に飽きて他の遊具に行くと言うのだが、私はやめたくなかったので、「もう少し登り棒をひとりでやってたい」と言って、先ほどのスカートの中の光景を必死に思い出しながら、ひとりでまた小刻みに登り降りを繰り返す。

昼休みもそろそろ終わる時間が近づいていたのでそろそろやめようかなと思ったとき、突然股間が急激に熱くなってきて、気持ちよさがどんどん増してきた。怖いと思ったその瞬間、腰が激しく痙攣をし始めて、その日最高の快感が股間にドッと押し寄せてきた。本気で怖くなり、教室に走って戻ろうとするとズボンの中にベチャッとした違和感。顔が真っ青になりながら近くの屋外トイレに駆け込みズボンを下ろして確認すると、白色のおしっこが。最近、他のクラスメイトが授業中にお漏らしをして、クラス中から毎日いじられて笑われていることが咄嗟《とっさ》に頭に浮かんで怖くなった私は、パンツを必死に水洗いし、ズボンのポケットの中に突っ込み、教室に戻った。

当然のようにお昼休み明けの授業には遅れ、先生に理由を聞かれると、上手い言い訳が思いつかず正直に「トイレにいました」と言った私は、おもらしキャラを逃れることはできたが、ウンコネタでクラスメイトからいじられることに。

その白いおしっこが何なのかを知ったのは小学校5年生のときの友人との会話でだった。だが、その友人には1年生のときの登り棒のエピソードは信じてもらえず、果てには嘘つきと罵《ののし》られ、大喧嘩にまで発展してしまった。さらにその友人は喧嘩の延長で、「大嘘つき」というレッテルと共に私の登り棒のエピソードをクラス中に広めてしまった。この一件がトラウマとなり、このエピソードはその後誰にも話していない。

トラウマ精通エピソードマン

EP.28

ジミヘン

［＃事故］

小6くらいの頃テレビでジミヘンを見たとき、「ジミヘンが歯でギターを弾くなら俺はちんちんで弾いちゃる‼」と思ってまずは固くしようといじっていたら精通した。

バンドマン

EP.27

屋根の上に吹く風

［＃自慰］

精通は中1のときでした。その頃僕は、屋外で全裸になること（いわゆる野外露出）にハマっていました。きっかけは覚えてませんが、夜人目のない時間に部屋の窓から全裸でこっそり外に出て近くを歩いたり、家の目と鼻の先にある公園で服を脱いで全裸になったりしてました。

当時僕が住んでいた地域はド田舎中のド田舎で、山のふもとにある集落という感じの場所でした。住宅も少なく夜は人も車もゼロと言っていいほど通らないので、誰にも目撃される心配はありませんでした。それでも「誰かに見られるかもしれない」というドキドキ感はあり、またチンコに感じる風がなんとも心地よかったため、全裸のときはとても興奮し、勃起していました。

野外露出を繰り返すうちに、だんだん勃起したチンコを手で触るようになっていき（しごくのではなくチンコ全体を揉むようにしていた)、チンコ触ると気持ちいいなあと思っていました。当時は自慰のことなど全く知らなかったので、ただ触るだけで終わっていて、これが射精につながることだとは思いもしませんでした。

そんなある日、家の屋根の上で野外露出を行ったときのことです。屋根の上という高い場所に全裸で仁王立ちし、地域の夜景色を眺めるのはとても開放感がありました。風が少し肌寒かったですが、いつも以上に興奮し、チンコがギンギンに勃起しました。そして、いつものようにチンコを揉むように触り始めると、これまでとは違う気持ちよさを感じました。触るたびに気持ちよさが増していき、いつの間にかチンコを手でしごいていました。

次第にチンコの奥がムズムズし、オシッコが出そうな感じになってきました。このときはもう、気持ちよくてしごく手を止められなかったため、屋根の上なら漏らしても大丈夫かなと思ってチンコをしごき続けました。すると、気持ちよさが最高になった瞬間、チンコの奥から熱い何かが急速に昇ってくる感じがして「オシッコ出ちゃう!」と思ったら、チンコから温かい液が飛び出しました。あまりの気持ちよさに立っていられなくなり、その場にへたりこんでしまいました。

呼吸が落ち着いた後、持ってきていた懐中電灯で手を照らして見ました。すると、手には白濁した粘り気のある液がベッタリついていて、オシッコとは違う臭いがしました。僕はすぐに保健の授業で習ったことを思い出し、自分がお漏らしではなく射精したことを悟りました。

JunJun

パンチ

［＃金的］

恥ずかしながら、僕は小学4年生くらいまで父とお風呂に入っていました。これは親とお風呂に入るときのあるあるだと思うのですが、親が自分自身を洗っているとき、子は手持ち無沙汰で暇を持て余しがちです。

小学3年生のときのこと、当時僕は学芸会の主役のオーディションに向けて日夜演技の練習に励んでいました。演目は「西遊記」。空手を習っていて、腕っぷしが強いキャラクターが好きだった僕は何としてでも主役を演じたかったのです。オーディションのお題は悟空が牛魔王と戦うシーン。かっこいいセリフとともに中空にパンチするという演技でした。

ある日、父とお風呂に入っていて、例のごとく父が頭を洗い始めました。そうだ、暇だから演技の練習をしよう。かっこよくセリフを言って、バトルシーン。いつものようにパンチをしました。しかし、一般家庭の一般的なサイズのお風呂場は動き回るのに適していません。僕の拳は油断していた父のサムシングを強打しました。ヤバいと思って父をみると、優しく「大丈夫だよ」と言ってくれました。まあ小学3年生のパンチなんて大したことはなかったんだと思います。

しかし、そんな言葉とは裏腹に、みるみるうちに父のサムシングが膨らんでいきます。やっぱり大丈夫じゃなかったのかと父に尋ねると、やはり父は優しく「おちんちんはね、パンチすると大きくなるんだよ」と教えてくれました。そんなことを小学校低学年が聞いたら学芸会どころで

EP.30

はありません。後日、その言葉が真実であることを確かめると、日夜股間を殴り続けました。今思えば気持ち良さを少しずつ感じていたんだと思います。

股間パンチがクセになっていたある日、通っていた空手の道場にひとりの女性が新たに入会しました。20代前半といったところでしょうか。髪が長いほんこんさんみたいな顔の女性でした。

その女性は結構筋肉はあったのですが、武道の経験が無かったため技がとても粗削りでした。小学生にとってはいちばん怖いタイプで、上手な人は強く技が当たらないように配慮して組み手してくれるのですが、素人の場合自分の力をそのままぶつけてくるので、痣《あざ》になったり鼻血が出たりするのは日常茶飯事でした。しかし、どんな相手でも戦えと言われたら戦わなければいけないのが体育会系。その女性と練習試合をする日がきました。

開始の合図と共に突っ込む僕。殴られるのは嫌だったので、相手が何かする前に攻撃をしようという作戦でした。中段に突こうと眼前まで運足した瞬間、内臓に直接鉛玉をぶち込まれたような衝撃が走りました。女性の足が、僕の股間にめり込んでいました。大会では金的に防具を装着するのですが、練習中は面倒くさくて付けないし、そもそも金的はポイントにならないので、すっかり油断していました。一瞬遅れて下腹部に走る激痛。

が、日常的に股間を殴っているせいか、確かな痛みと共に快感が沸き上がってくるのを感じました。燃えるように熱い僕のサムシングが脈動し、心臓の鼓動が高まりました。爆笑の渦の中、どうにかして試合を終わらせ、恍惚とした表情でぼおっとしていたら、いつの間にか練習そのものが終わっていました。胴着を脱ぐとき、サムシングが腫れていないか確認すると、パンツに白い液体がついているのがわかりました。ヤバい液体が出ている！　僕は泣きそうになりましたが、痛みはもう引いているし、変に親に相談して入院なんてことになってしまったら恐ろしいので誰にも告げず、ひとりで落ち込んでいました。今思えばあれが精通だったんだなと思います。

この経験のせいか、女性の金的にやたら興奮するようになってしまいました。学生の頃はよく扇風機の羽根にチャンバラの棒をくくりつけてセルフ金的を楽しみました。

おろちどっぽ

EP.37

エクスカリバー

［#夢精］

あれは中2の冬でした。当時、エロに興味はあっても自慰をする気になれなかった私は、AVを見ても何もせず悶々とした日々を過ごしていました。

ある日、夢を見ました。エジプトのピラミッドの発掘調査の夢です。ピラミッド内部に入っていくと、女の敵が現れました。それはとてもグラマラスな体型で、たとえるなら峰不二子のようでした。夢の中でも悶々としながらもついに敵を倒した私は、お宝である石に刺さった剣を見つけました。引っ張ってもなかなか抜けません。最後の力を振り絞って一気に引き抜きました。

突然の精通

その瞬間目が覚め、息子に違和感を覚えてパンツの中を覗くと、そこはカルピスの海でした。

みちょぱ

ビデオデッキ

［＃自慰］

家にひとりになる機会があり、擦りきれる程に視聴した金髪女性のおっぱいが見られる洋画のビデオテープをビデオデッキに入れて再生しました。隠蔽《いんぺい》工作のためにストーリー冒頭まで巻き戻していたテープを、完全に覚えたシーンまで早送りしてそのシーンを観賞してました。

いつものように興奮してギンギンにさせていたところ、妙な痒みに襲われました。何事だろうかとズボンもパンツも脱ぎ下ろし、下半身を露出させてギンギンになった部分を、赤く充血した先端がとりあえず痒いから掻こうとしました。しかし痛い。爪を立てると刺激が強すぎる。あ、この皮を前後に動かすと絶妙に痒みが解消されて気持ちいい。ならばと皮を前後に動かして気持ちよさに浸る。浸りながらひたすら皮を動かしていると突然白い物が飛び出しました。無知だった僕はおしっこだと思い、慌ててトイレに駆け込もうと走り出すもカーペットで足を滑らせ、ひっくり返ってガラス製のビデオデッキの扉を蹴破りました。

トイレに行くべきか、怪我をどうにかするべきか、蹴破られてバキバキに壊れたビデオデッキの扉を隠すべきか。血と精液で足を汚しながら僕は呆然と佇んでいました。最終的に僕は射精したことを隠蔽し、ビデオデッキの扉は妙にテンションが上がってテーブルの上で踊っていたら転んで蹴破ったことにしました。

洋画スキー

Ep.32

めそめそ

［#自慰］

自慰を覚えたのが幼稚園の頃だったのですが、当時は「おしっこいきたいなぁ。でも面倒やな……。お、ここを圧迫すると尿意が消えるやん！　これでトイレ時間短縮やんけ！」という発想の元、自慰をやっておりました。

しかしこの発想は危険でした。なぜなら自慰とは「トイレに行かずに済む画期的な方法」であり、恥ずかしいものではなかったからです。その結果、親が仕事から帰って来ようが、兄がその場を横切ろうがへこへこと絶頂まで達していた（液体は出ない）のです。両親がいくら注意しようと「トイレに行かなくていい＆心地よい＆別に恥ずかしいことじゃない」という連鎖のドツボに見事ハマった私はかたくなにやめようとしませんでした。もはやこの頃の私は、行為中に流した汗は欲望にまみれたどろどろしたものではなく、一通りスポーツを楽しんだ後に流すような汗だと思いこんでいたのです。

そうして自慰をやめることなく突き進んだ結果、無事に小学5年生で精通を迎えました。出たときはすでにある程度の知識があったので「ふっ、これが例のアレか」なんて気分だったと思います。

ちなみに当時のお気に入りだったのが、机の角にのってもぞもぞするアレ、いわゆる角オナでした。しかし「角オナ」という言葉を知らない当時の私はこれを言い表す術《すべ》を持たず、仮称とし

Ep.33

て「めそめそ」と名付けていました。情けなく股間を擦りつける姿を形容したのか、押さえつけられる股間が快感に咽《むせ》び泣いているのか、とにかく当時の私のセンスの賜物としてそのような名称が付けられました。

両親からの「何してんの？」という引き気味の質問には「めそめそ！！！」と元気よく答えていましたし、兄からは「めそめそ？　なんで泣いてんの？」と至極もっともな意見を頂戴した記憶があります。めそめそはめそめそなのですから意味はないのです。

ミケ

スライムカンチョー

［#事故］

私のお初はビニールプールで遊んでるとき。弟がイタズラで私のピチピチの海パンの中に緑のスライムのおもちゃを入れてきた。スライムを取ろうともがいてるとちょっと気持ちよく恥ずかしくなってきたので、家の中に戻ろうとした次の瞬間、弟がカンチョーで追い討ち。

私は腰を抜かし、気づいたらスライムの中に出して果てていたという人生で最も情けない射精を経験することになった。

くるみるく

EP.34

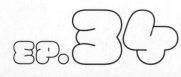

大2

［#夢精］

僕は精通を迎えるのが大変遅く、大学2年生になってからでした。勃起はするし、触ると死ぬほど気持ちいいのになぜか射精だけができず……病気だったら困るし、早く射精して安心したいという気持ちから少しだけ焦っていました。日夜おちんちんを触り、こねくり回し、床に擦りつけ、布団に擦りつけ、恥をしのんでオナホを買い……と、ありとあらゆる方法で自慰をしていましたが精通することはありませんでした。

そんなある日、就寝中に猛烈な尿意で目が覚め、その瞬間におしっこが出てしまった感覚と、頭が真っ白になるほどの快感がありました。しばらく呆然とし、動くことができませんでした。その後、大学生にもなって漏らしてしまったことへのショックとパンツが濡れている不快感に半泣きになって、ともかく後処理をしようとパンツを脱いだときに、出ていたのはおしっこではなく精液であると気がつきました。冷静に考えると布団に被害がない時点で出たのはおしっこではないと気がつきそうなものですが、出てしまった感覚があまりに排尿の感覚と似ていたため、寝ぼけた頭では気がつきませんでした。

その後、精通を迎えたことがあまりにも嬉しく、すぐに自慰をして3回も出してしまいました。

むつ

EP.35

ヨーイドン

［#不可抗力で］

EP.36

忘れもしません。小学6年、最後の運動会当日の朝のこと。寝起きでトイレに向かうと、愚息に毛が生えていることを発見。

「大人になった…。これで射精ができる…！」。兄弟が所持していた青年漫画や保健の授業で知識が先行しており、それを迎えるときを今か今かと待ちわびていたので、早く射精してみたい──その期待で胸がいっぱいになり、愚息は一気にテンションMAX状態に。しかし運動会当日、しかも委員会に所属してた身で開会前の準備などもあったので、遅刻も許されない状況。はやる気持ちをわずかばかりの理性で抑え、登校しました。

準備が始まっても興奮冷めやらぬ状態で、愚息は勃って萎えて勃っての繰り返しだったのですが、短パンからのポロリ防止のため厚手のブリーフを穿かされていたのと上向きに収めていたのできっと周囲にはバレていなかった（はず）。

いざ開会。射精のことばかりが脳内を巡りながら迎えた徒競走。自分の順番を迎える頃、緊張感も相まってか愚息はまたギンギンの状態に。ああ、もう早く終われ…。そんな気持ちでスタートラインに立ち、走り出した瞬間、股間を痺れるような快感が襲います。ブリーフと腹部の間に挟まれ、全力疾走の振動に擦れる愚息。うっかり腰が引けそうになるほどの気持ち良さにとまどいながら、あとちょっと…ゴール目前でそう思った瞬間、ドクッと漏れる感覚が……。

そのまま倒れこむようにゴールインしたときにはパンツの中がヌルヌルで、それが何なのか悟っていました。折を見てトイレに駆け込み、ブリーフの中を確認。不快感と達成感の狭間で感情を揺らしながらトイレットペーパーで拭き取り、流しました。練習では本番と同じグループで1位だったのに、本番では集中が途切れたせいか2位に終わったのが悔やまれましたが、今となっては良い思い出です（笑）

匿名

EP.37

長さをかせぐ ［#計測］

勃起時のチンコの長さを測ろうとして、少しでも大きくしようとシゴいていたら射精したのが精通でした。

すりっぱ

EP.38

大会 ［#計測］

中学生の頃、ちんこの大きさを競い合う大会を数人で友達の家でやっていた。エロ動画を観ながら、みんなちんこを勃起させて定規で長さを測っていた。

俺は2番目まで大きくなったが、いちばんビッグな奴より大きくなりたいと思っていじりまわしていたら、謎の快感に襲われそのまま精通。最初はちんこの中身が出たのかと本気で思った。そしたら友達のひとりが「こいつ射精しやがったぞ〜！」と言ったので精通したのだと理解した。

結局精通した俺が最下位で大会は終了した。それ以降俺は本名の長谷川と射精をかけあわされ、射精川《しゃせがわ》というあだ名をつけられた。もう10年も前の話だけどこれだけははっきりと覚えている。

長谷川オナ猿

EP.39

接骨院

［#事故］

中2の頃、部活で腰を痛めて近所の接骨院に行ったとき、うつ伏せで腰を揺らすように揉まれてるときに急にドバっと出ました。サッカーパンツだったので染みてたし、挙動不審だったし、接骨院の先生には気付かれてたと思います。待合室で『ドラゴンボール』1巻のブルマのオッパイシーンを見て、少しチンチンがキューっとなっていたのも原因かと。そのときから床オナ専門です。

サッカー部

EP.40

ピアノ・プレイヤー

［#興奮して勝手に］

僕は3歳からピアノを習っていました。そこそこ真面目にやっていたのでその同年代の中で上手いほうに入っていました。

性知識は、読書によって断片的に得ていましたが、快感が伴うことを知らなかったし、子供をつくりたいわけでも当然なく、利益が感じられずに自慰には至りませんでした。

年齢とともにピアノの技術も上達し、僕は中3の秋の発表会でリストの「ラ・カンパネラ」を弾くことにしました。この曲は難しめですが、スラスラ弾けると旋律や音の重なりが本当に美しいんです。

ひとつずつ課題をクリアし、発表会の3週間ほど前に初めてノーミスで弾き切ることができました。大興奮で僕のちんこはフル勃起していました。好きな冒頭の部分が自分でもびっくりするくらい綺麗に弾けて、何回も弾いて旋律に酔いしれていると突然「あ、この調子でやってると多分何かが起こる」みたいな、異様な気持ち良さが襲ってきました。

でもそんなことより旋律を楽しみたい僕は弾き続けます。そして爆発しました。さすがにピアノを弾く手は止まりました。しばらく呆然としてから意味が分からず急いでトイレに入り、パンツを覗くとちんこからネバネバの糸が引いていました。とりあえず水で流し洗濯機に放り込みました。「これ、射精か〜〜〜〜！」と思いました。

余談ですが今は興奮対象が音楽全体に広がり、吹奏楽が上手すぎて射精したり、ピアノで作曲しているときに思ったより良い曲ができて射精したり、僕の好きな作曲家の澤野弘之さんの曲がかっこよすぎて30回は射精していると思います。澤野弘之さん自身には興奮しませんが。なんなんでしょうね。ピアニストとかにならなくて本当に良かったと思います。ピアノ弾いてると40分くらいでどうしても勃起してしまうので。

ちんこ！

ポリアンナ

［＃興奮して勝手に］

自分の精通は小5のときです。女の子になりたくて、妹の服を着て遊んでいたのですが（もちろん本人と親がいない隙を狙ってです）、2〜3回繰り返した頃でしょうか、そろそろ親と妹が帰ってくるからと服を脱ぎ、パンツも脱ごうとした際におちんちんの周りがいやにベタついているのに気がつきました。とはいえ、勃起はおろか精液が出る感覚も全く感じておらず、それが射精だとは分かっていなかったので適当にティッシュで拭き、パンツは洗濯物カゴへ入れたりしていました。

それを数回経験した頃でしょうか。母が妹に当時TVでやっていたアニメの運動靴を買ってきたのです。当然妹も好きなアニメでしたから毎日のように履いており、自分が履ける機会はなかなか巡って来なかったのでした。

しかし、雨の降る日にいよいよその靴が履けるチャンスが巡ってきたのです。母は仕事で帰るのが遅く、妹はそろばん塾へ行くのに長靴で出掛けて行った……これはまたとないチャンスとばかりに妹のパンツ、シャツ、ブラウス、スカート、ソックスに身を包み、いよいよ下駄箱の戸を開けました。そこにはあのテレビで見ている可愛い主人公の絵がついた運動靴が！　そのとき、初めて自分のおちんちんが大きく勃起しているのに気がつきました。

でもそんなことよりも目の前の運動靴が履ける喜びに満ちて靴をそっと玄関に置き、片足ずつ

EP.47

履いて爪先をトントンとやって履けた瞬間です。勃起して妹のパンツからはみ出たおちんちんの先がスカートさえも捲り上げて、そこから白い精液がビュッビュッビュッと数回勢いよく飛び出しました。と同時におちんちんに感じたえも言われぬ気持ちの良さ。妹の大事にしてるアニメの運動靴が履けた喜びと同時に、これが射精なんだと初めて気がつきました。
それからは妹の服を着て靴を履きながら自分のおちんちんを触って射精する気持ちの良さを何度も味わいました。これが僕の精通です。ちなみに運動靴に絵がついてたアニメですが、「愛少女ポリアンナ物語」という作品でした。

little shoes

匍匐前進

［#匍匐前進］

中1の冬に身体を鍛えたくなって、特訓といえば軍隊。軍隊といえば匍匐前進。と考え、匍匐前進で自宅の廊下を3往復したところで精通しました。今では元気に自衛官してます！

天職

縄跳びテスト

［#縄跳び］

中2の頃、友達にオナニーの仕方を教わり、姉の隠し持っていたエロ本をこっそりトイレに持ち込みシコシコしていたところ、とてつもない快感と共にアソコがビクビクと痙攣…したのはいいのですが、精液は出ず、射精するにはこの先へ行かねばならないのかと戦慄を覚えましたね（笑）

その後1年ほど、別に射精しなくても気持ちいいじゃないかと深く考えずに日々オナニーしていたのですが、忘れもしない中3の夏休み前、体育の授業でひとりひとりが縄跳びを失敗するまで延々跳び続けるというテストのようなことをしていたときのこと…。しばらく淡々と跳んでいたのですが、ある瞬間急激にそれはやってきました。言葉にするのが難しいのですが、アソコを中心とした下半身がジ〜ンと快感に包まれ、あれ？　オナニーみたいに気持ちいいって思うとほぼ同時にアソコからドクドクと何かが放出されている感覚が…。

周りにはまだ跳び続けている人、失敗して皆が終わるのを座って待っている人がいる中で初めての射精。しかもエロいことを考えていたわけでもなくただただ縄跳びしていただけで。

快感に包まれ縄跳びどころではなくなった私はそのまま失敗した人と共に何食わぬ顔で座って皆が終わるのを待ち、授業が終わると同時にトイレに駆け込みパンツの中をササッと拭いて事なきを得ました。

その後は普通にオナニーで射精するようになりましたが、あるときに初めての夢精…。それは

EP.43

まさに縄跳び射精と同じ感覚で、オナニーとは比較にならない快感でした。それにしても何故あのとき精通したのかいまだに分かりません（笑）

キジー

川

［#自慰］

中1のときでした。夏休みに川で遊んでたときです。

小学生の頃から夏休みには毎日のように遊んでいました。小4の頃から、川の浅いところで、うつ伏せになって、ペニスを擦りつけるのが気持ちいいと気付き、毎回やるようになりました。小6のときからは人気のないところで、水着を脱いで、直接擦りつけるようになりました。

中学生になると体も大きくなり、今まで行けなかった川の流れが早いとこにも行けるようになりました。流れが早いとこを抜けた先に、わき水が出てるとこを発見しました。さりげなく、ペニスを近づけてみると、めちゃくちゃ気持ちよく、すぐにペニスが勃起したのがわかりました。

勢いで競泳用水着を脱いで、直接ペニスをわき水にあてました。すでに第二次性徴を迎えていたので、陰毛も生えはじめ、ペニスも成長しており、包皮もむけていました。しばらく経って、あまりの気持ちよさに尿意を催しましたが、そのまま出してしまおうと思い、出しました。しかし、いつもと違う感覚、快感を覚えました。すると川を白いものが流れていくのがわかりました。それから毎日のように川へ行き、そのわき水のところにペニスをあてて、射精させました。

夏休みが終わると、友人の多くは何かしらで精通を迎え、オナニーを覚えていました。僕も手で行うオナニーを覚え、それから毎日行いました。しかし夏休みになると、そのわき水のとこへいき、ペニスをあてて射精させました。中3のときには、多いときで5回射精させました。

EP.44

高校になったときは残念ながら、工事が始まり、行けなくなってしまいました。

あた

EP.45

キンカン

［#自慰］

11歳の夏、インキンタムシになり扇風機に当たりながら股間にキンカンを塗りキンタマをかきむしっていたところ、突然妙な感覚に襲われ射精し、きれいな放物線を描きながら部屋中に精液が飛び散っていった。

無記名

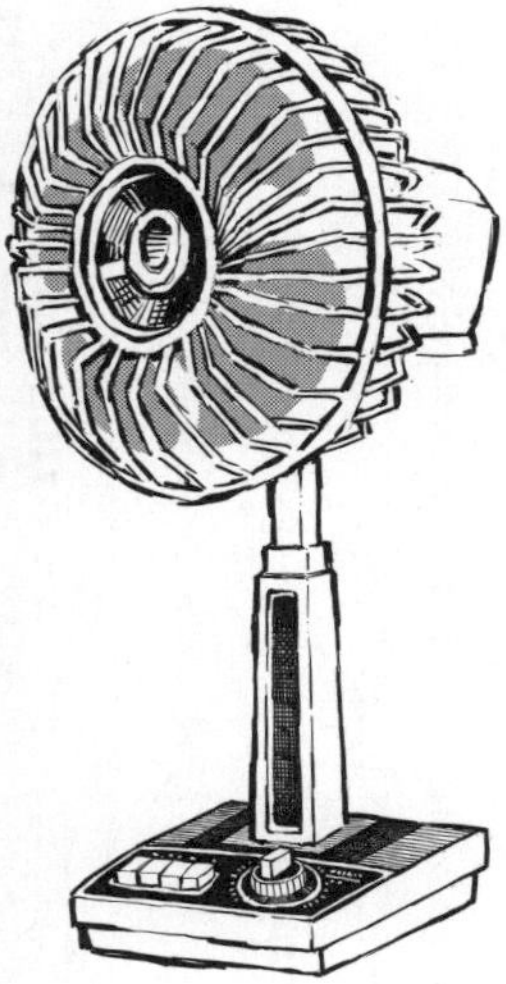

ファッション雑誌

［＃自慰］

小学校低学年の頃からなんとなくオナニーのことは知っていて、ケータイでオナニーの正しい方法を調べたのは小4のときだったと思います。勃起したちんこを上下にというスタンダードなやり方でオナニーに励み、強い気持ち良さを迎えることができるようになったものの、ちんこから精液が飛び出すという最終地点にはたどり着けずモヤモヤしていました。

6年生のある日、ちょうど家にひとりのときでした。暇で、なんとなく母や姉のファッション雑誌をペラペラ見て、「なんか女の服はややこしくて大変だなぁ」と思ってました。

母のファッション雑誌に載っている30、40代の服を見ていて、「大人になると気になる部分が増える」「お腹を隠したい人はこれ！」「脚を隠したい人はこれ！」というページを何故か真剣に読み、「綺麗なおばさんっていうのはすごいことなのか」と感心しました。

そのあと、姉の雑誌を読んだのですが、年代が違うと服も全く違い（当たり前なのですが）、短い丈のスカートや派手な色使いのアイテムの数々に何故か興奮と感動を覚えました。先におばさん向け雑誌を読んだせいか、「若い女の人はすごくエロい！」という気持ちになり、いつのまにか勃起してしまっていました。胸の大きく開いたVネックを着たモデルさんのページで「エロいお姉さんだ！」という興奮が加速し、片手をパンツにつっこみました。

ページをめくると、胸元や脚を大胆に出したかわいいモデルさんが複数人でポーズをとってい

EP.46

る見開きの写真が大きく載っていて、ちんこを数回上下に動かしたら、ちんこの奥からジュルジュルボコボコっと謎の感触が沸き上がり、射精していました。あまりの気持ち良さにお姉さんの写真から目が離せませんでした。

やまだ

EP.47

父と銭湯

［#自慰］

多分、小学6年の春くらいだったと思う。お父さんと近所の銭湯に行ったとき、そろそろチンコの皮を剥いて洗うようにしろと言われた。毛は生えてなかったが大人と同じくらいチンコがでかく、皮はガッツリ被っていたが剥いてみると意外と簡単に剥けた。チンコにボディソープをつけて洗っていると気持ちいいようなムズムズするような感じがした。

そのまま洗い続けていたら、すごい快感が来たのと同時に「オシッコ漏れる」と思った。その瞬間、大量に射精してしまい、洗い場の鏡にかかってしまった。お父さんは何も言わず鏡に飛んだ精子を流してくれた。今思うとものすごく恥ずかしい。

ゆういち

夏の終わりの焦燥感

［＃自慰］

中1の夏休み、8月30日の20時頃のことでした。読書感想文が終わらずに机に向かっていました。部屋はエアコンも扇風機もなくムシムシしていて、宿題も終わらない焦燥感が募り、手が自然とちんこをしごいていました。当時下ネタを話すような友人もおらず、性知識も無かったので不思議です。込み上げてくる尿意に似たものに焦りつつ、無意識にティッシュを取り処理。出てきたものの正体も分からず、震えて布団を被って眠りました。次にオナニーをするのは高校に入り携帯を手に入れ、エロサイトの存在を知ってからになるので、このときの目覚めはいまだに不可解です…。

南アルプス

EP.48

好奇心と
試行錯誤の精通

レゴブロック

［＃自慰］

小学校3年生のある日、算数の宿題を終え、数字について考えながら趣味のレゴブロックに興じていた。当時よりモノづくりや計算、図鑑を読むことが趣味だった私はその最中に考え事をすることもまた好きだった。

「数字は5や10を1単位として考えると暗算がしやすいな」

「8という数字は10という単位になるためには2凹んでいる、そして7という数字は5という単位から2突き出ている。だから7＋8は15になるんだな…」

暗算のテクニックを考えながらどんどんレゴブロックを組み上げていた私は、ふと気づいた。

「レゴブロックに似ているな。出っ張っているものがあるぶん、それを収める凹みというものがあるんだ。電車の連結器もそうだ。世の中のものって、出っ張ってるものを収納できるんだ」

そしてエロ本を読んだわけでもなくマセガキの先輩から聞いたわけでもなく、親や教師から教えてもらったわけでもなく、自力で思いついてしまった。

「ひょっとして、男にしかついてないアレも…!?」

「そうだ、そうに決まっている。前に図鑑で読んだし、幼稚園のお泊まり会でも見たから知っているんだ。女の子にはチンチンがついてなくて、代わりに穴があったんだ！」

そのとき、思い出した。前に病院で読んだ北沢杏子の絵本を。子供とは男しか持っていない「子供の種」と、女しか持っていない「子供の卵」が合体して生まれるんだと。そしてその種はキンタマに入っている。だから大事なところなのだ。当時はそのままの知識しかつかなかったが、今なら確信できる。男しか持っていない種を効率よく女の腹の中に渡す方法を…。レゴブロックと数字の仕組みを複合して考えたことから突発的に生物の真理に気付いてしまった当時9歳の私は悶絶した。

「ああ、僕は…。なんてことを考え付いてしまったんだ。これがもしも単なる僕の思いつきで、大人たちがやっていることじゃなかったとしたら…！　僕はとんでもない変態行為を思いついてしまったことになる‼」

しかし、男性器を女性器に入れるという行為が本当に行われているかを自分から誰かに尋ねる勇気はなかった。ここから苦悶の数年間を送り、解放されたのは小学校5年生のときのことだった。たったの2年のことであるが、子供にとっての2年間とは10年に等しい歳月に違いなかった。

保健の授業では必ずマセガキが全てを知ったうえで先生に質問をする。

「先生、赤ちゃんってどうやって生まれるんですか？」

その質問が教室内に響き渡ったとき、私は一縷の望みを抱きながらも、どうせはぐらかした答えが返ってきてしまうであろうという落胆の溜め息も同時についていた。

「それはね、セックスをするんだよ」

担任の先生の口からは今まで図鑑を読み漁っても聞いたことが無かった言葉が飛び出してきた。

そして先生は身も蓋もなく、手順通りに説明をしてくれた。それを聞いた多くのクラスメイトは顔を真っ赤にし、発狂の悲鳴を上げていた。今考えてみれば、非常にデリケートな性教育を思い切って隠さずに行った先生の行動はバクチのようなものだったのかもしれない。どうやら隠し続けることも、はぐらかして先に誤った情報を掴まれるのも本意でなかったらしい。しかしそんな事情もお構いなしにクラスメイトが発狂（ないしは狂喜乱舞）する中、私はひとり安堵に包まれていた。

「ああ。僕があの日思いついたことはセックスというのか。そしてそれは、子を持つ大人なら誰もがしてきたことなんだ。僕が考えたことは決してとんでもない変態行為ではなかったんだ…」

私は2年分の十字架をようやく下ろし、苦悶の夜を過ごすことは無くなった。もっとも、その日を境に「苦悶の夜」ではなく、「悶々の夜」を過ごす羽目になってしまったのだが…。レゴブロックで培われた「無いものを空想して脳内に具現化させる能力」をフルに活用し、その場にはいない「女性」を空想し、そこに自らのイチモツをぶち込む妄想に浸りながら果てた。

私の精通エピソードは安堵の記憶。今考えてみれば小学5年生のときなので、他の人よりもかなり早かったのかもしれない。体毛は小学校4年生で生え、声変わりもほぼ同時期に終えてしまった。成長に用いるホルモンを初期の段階で使い尽くしたのか、二次成長期に身長がほとんど伸びることがなく大人になってしまった。

吉力健治朗

女
男
7
8
2
10
5
2

発声練習

［＃自慰］

中学に入ってすぐの頃です。当時の私は性に目覚めたばかりの時期で、当然ネットでエロサイトを検索してみたりしてたのですが、エロサイト＝架空請求という意識が強く、個人の風俗体験記ブログや思春期の女子向けに作られた性の悩み相談サイトを見てはエロい妄想を膨らませていました。その頃の私はエロいものに対する関心はあったのですが、オナニーのやり方はわからず、先にも言及した女子向けの性のお悩み相談サイトに書いてあった「女子の」オナニーの方法解説を元に、自分の股間をいじりながら、自らには存在しない陰唇やクリトリスを探すなどの行為に明け暮れていました。

ある日のことです。突然私の脳裏に閃《ひらめ》きが走りました。セックスを行う際に男性は陰茎を女性の肉壺に突っ込みます。この肉壺を自らの手で再現すれば良いのではないか。指で輪っかを作り、ちんこをその「穴」に突っ込むと、人生で初めて経験する快感が私を襲いました。あまりに突然の出来事で「あっ」と大きな声を出してしまい、他の部屋で眠る家族に聞こえていてはまずいと咄嗟に「いっ、うっ、えっ、おっ」と声を出して、発音練習をしている風を装ったことを今でも覚えています。その後、ベッドから飛び降りてトイレに駆け込み、初めての射精を便器に向けて行いました。あれから10年以上経った今でも、ほとんど毎日欠かさずに射精を続けています。

コロンブス

EP.2

シャーペンの芯

［#事故］

10～11歳当時。性的なことをしているつもりはありませんでした。ちんこの先の、おしっこが出てくる穴がどこに繋がっているのか気になって確かめることにしました。理科で膀胱↓尿道↓ちんこへと繋がっていると習っていたかまだだったかは分かりませんが、何か突っ込んでみようと探しました。

挿入したのはシャーペンの芯です。少しずつ入れていくとちんこが大きくなってきましたが、快感は特に無かったと思います。1本がほぼ入り切ろうという頃、急にちんこがビクンビクンと痙攣しだして、排尿感が襲ってきました。漏れる！と思ったのでおしっこを我慢する要領で我慢すると、芯が押し出されるとともに、白い液が漏れました。パンツには付かずに済んだのでほっとしつつその白い液を拭き取っている最中に母が帰宅。当時の私はぎりぎりでバレずに済んだと思いましたが、多分、精通したことはバレていたと思います。

精通を病気になったかと勘違いする話をよく聞きますが、私は、体に備わった機能だと思いました。ちんこに異物が入ったときに排出する機能か何かかな？と。後日、百均で最も細い銅線を買い、捻ってこよりにして再挑戦してみると、金玉に、突かれている感触を覚えました。

膀胱か陰嚢か……

EP.3

EP.4

胸キュンが降りてくる

［#自慰］

小5の冬、某少年誌のラブコメを読んでいると普段は胸部にきていたキュンキュンとした感覚が、胸部から腹部に降りていき、遂には股間にまできた。胸を押さえるのと同じ感覚で股間を揉むと初めての感情が溢れ、射精はしないが快感はあった。これを1ケ月ほど続けた。しばらくして、この感情が性欲で、自分がしていたのは自慰だと気づいた。「自慰ならば正規の手順を踏まねばなるまい」とマジに思って、バカ正直に父のPCからネットでエロ動画を漁った。婦警のコスプレグラビアを見た後は部屋に戻り、思い出しながら自室の布団で果てた。

たられば19

EP.5

スタバ

［#自慰］

小4の夏休み、自慰というものの存在を「2ちゃんねる」の何気ない書き込みから知りました。それから十数日、インターネットで検索を重ねて知識だけを蓄えていたのですが、家族でスターバックスに行ったある日突然試してみたい衝動が襲ってきて、そのままトイレに駆け込んで初めての自慰をしました。クラスの女子の下着を想像しながらのことだったと思います。便器に向かい合う形で立ちながらしたのですが、なにぶん初めてのことなので精子の勢いを予測できず、便座に飛び散らせてしまったのを覚えています。射精したあとは興奮と虚脱感で身動きが取れず、結局10分くらいトイレに籠《こ》もっていました。

清楚

EP.6

オナ兄

［＃自慰］

中学1年生のときだったと思います。当時、性的な話を友達とすることを恥ずかしく思っていてその輪に入れなかったのですが、興味はあったのでそういう話を盗み聞きしていました。盗み聞きの結果、「ピストン」という単語を入手しました。勃起はするようになっていたし、ある程度の性知識はあったので、それに加えて得た単語「ピストン」から、「注射器のような動きか?」と想像し、その動きを男性器に実践してみたところ、どうやら正解だったようで、気持ちよくなり射精しました。

ちなみに、盗み聞きで「オナニー」という単語も聞こえていたのですが、知らない単語だったのでカタカナだともわからず、「オナ兄」という有名なエッチな人がいるんだと思っていました。

みこれいの人

筆おろしの悲劇

［#自慰］

美術（当時は図画工作と呼んでいた）で使う筆で腕をくすぐるのが気持ちよくて好きだった小学生の頃。忘れもしない、むしろ忘れたくても忘れられない小4の5月。

私は筆を洗うために家へと持ち帰った。ふと好奇心で陰茎に筆を走らせたところ、未知の快感に襲われた。即座に陰茎は勃起し、私は筆で陰茎をくすぐり続けた。やがて股間から何かがこみあげてくる感じがし、尿意と判断してトイレに走ったが間に合わず、初めての射精に至った。

そのとき、廊下に漏らしてしまった精液を踏んで滑ってしまい、慌てて体を支えようとした左腕を骨折してしまった。下半身丸出し、廊下にはおしっこ（本当は精液）という状況を親には絶対に見られたくなかったため、気絶しそうなほどの痛みに耐え、泣きながらパンツとズボンを片手で穿き、おしっこ（本当は精液）を片手で拭いてトイレに流し、119番通報をして病院に搬送された。

親にはめちゃくちゃ怒られた。「廊下で滑って転んだ」という説明に対して「注意力散漫だからそうなるんだ、落ち着きがない」などと言われた。私は泣いた。

木村卓也

EP.7

実

［＃自慰］

贔屓《ひいき》球団の優勝を祝うスポーツ新聞に、エロ小説が載っていた。偶然手に入った自分にとって唯一のエロだった。

「茂みの中の実を摘まむと気持ちいい」とあったので、気分を高めて己の金玉を一所懸命に摘まむのだが、痛くて一向に気持ちよくならず、竿が萎える。

何度か繰り返した後、実を摘まむのをあきらめ、亀頭を両手でしごいて出した。今考えてみれば、実とはクリ○リスのことだった。

まつたけ

EP.8

弟の頭

［＃自慰］

小5の頃、児童館にあった柔らかいけど重いブロック（高さ約60cm）に股間を押し付けると気持ち良いことを発見した。毎日のように隙をみては股間を押し付けて気持ち良くなっていたが、しばらくして慣れてしまい、他のものを探すことにした。なかなかしっくりくるものが見つからず気付けば中学1年生になっていた。

EP.7

しかしある日ついに最高に気持ち良い、股間を擦りつけるのにちょうどいい場所を発見した。弟の頭だ。弟を正座させて頭を地面に付けさせて、その上から覆いかぶさり、股間を押し付けて擦りつけた。何かが出そうだけど気持ちよくてそれどころではなく、続けていたら精通した。ズボンとパンツは穿いたまま。ズボンの素材や布の作りはワイシャツと似たものでパンツは普通のボクサーブリーフ。

もみまん

EP.72

コンビネーション

［#自慰］

たしか小学3年生くらいのとき、3歳上の兄の友達（必ずいるエロ博士みたいな奴）から「ボッキ」とか「シコる」って単語と意味を習ったけど、当時は（フニャチン状態で）試してみても快感とかなくて、なんとも思わなかった。数年後、風呂に入ってるときにふと、「ボッキとシコるを組み合わせてみたらどうなる？」と思い立って試してみたら射精はせずにドライでイった（そのとき「きき湯」という細かく砕いたバブみたいな入浴剤の金色のやつを使っていたせいか、しばらくその匂いだけで興奮してた。たぶん今でも嗅げば興奮する）。

それからしばらくはドライで、再装填が早いのをいいことに1日何回もやっていた。数ヶ月後、「ラチェット&クランク2」をプレイ中にふとしたくなっていつも通りしたら漏れそうになる感覚があり、焦ってトイレに行ったらほとんど透明だけど少しだけ白いのが出た。

無記名

EP.77

虫眼鏡

［#自慰］

小学校3、4年生の頃だったと思います。私は学研か何かの付録で、虫眼鏡の原理を利用した、ものを拡大する下敷きを手に入れました。私はそれをいたく気に入り、庭の草花や虫を拡大して観察するなどし、一通り遊び終えた後であることに気が付きました。

「これでおっぱいを拡大すれば、もっと大きいおっぱいになるのではないか…？」

思い立ったが吉日、早速私は父親の部屋に積まれていた週刊誌のグラビアを片っ端から漁りました。お気に入りの写真（たしか、ほしのあきとかMEGUMIだったと思います）を見つけては下敷きでおっぱいを拡大し、とても興奮したのを覚えています。

当時とても大人びた友人がおり、オナニーのことはなんとなく知っていたので、この興奮に身を委ね、おぼろげな記憶を頼りにチンチンを揉み始めました。もちろんおっぱいを拡大しながら。

5分くらいチンチンを揉んだところで快感の津波が私に襲いかかり、パンツの中でそのまま果てました。気持ちよかったのですが、それと同時に「あぁこんなものか」って思いました。今思えば賢者タイムだったんだと思います。パンツに付着した精液を下敷きで拡大してみましたが、精子が確認できるほど拡大はされませんでした。

ピアノマン

尊敬する人を超える

［＃自慰］

EP.72

小学5年生のとき、ひとつ上に何でも知ってる男の子がいた。僕は彼を心から慕い、尊敬し、彼の言うことは全て正しいと思い込んでいた。

当時の僕はセックスについてはなんとなくのイメージはあったものの、オナニーは知らず、彼から聞いたときは衝撃を受けた。それはとても気持ちがいいということ、そしてそのやり方も教えてもらった。「両手でちんちんの根元を握ったまま、縦に振るんだ」と教わった。

家に帰ってやってみた。しかし、ペチペチと腹に打ち付けられるだけで別にこれといって気持ちよくない。これはおかしい。今まで彼が言った通りにやってみてうまくいかなかったことは一度もなかったのに、だ。

僕は常識を疑い、おぼろげながらセックスというものについて今一度考えてみた。彼は根元を握って振ると言っていたが、セックスにそんな動きはないはずだ、ちんちんに沿って手を動かすべきだ、と思った。

当時好きだったクラスメイトの女の子を思いながら手を動かす。気づくと僕は射精していた。体を貫く快感とともに、僕は彼の知らないことを知ることができたという万能感に満たされていた。自らのひらめきで快感を得た！　画期的な自慰を思いついた！と。僕は天才なのかもしれないと感じた。

時が経ち、彼は他県へと引っ越していった。僕は地元の中学に入り、ちんちんに沿ってしごくオナニーが普通のオナニーだということを知った。

天才少年

ベクトル

［#自慰］

小5の頃でした。友人からオナニーの存在とやり方を教わった私は好奇心にかられて家に帰るなりすぐにそれを実行しました。場所は自分の部屋のベッド。どうやら勃起したモノを上下に動かすとのことなので、緊張と高揚感を抑えていざ開始。

しかし、日本語というのは難しいもので、友人が伝えたかった正しい方法は皮をスライドするような「上下」だったのですが、私のはたとえるなら剣道の面を打つような「上下」だったのです。私はモノを握りながら必死にブンブンと振り続けましたが一向に気持ちよくなりません。

無駄な動きを続けて15分ほどした頃、ようやく言葉のあやに気づき、正しい「上下」にて達することができました。

寒す

EP.73

空中オナニー

［#自慰］

EP.74

小5の頃、「年越しの瞬間ジャンプしてたから地球にいなかった!」みたいなのが流行ってたんですよ。それで僕も年越しの瞬間に他の人がやらないようなことをしたい!と感じたわけです。年越しまで残り2日の冬休み、偶然DSのブラウザで見ていたエロサイトの広告(?)で「空中オナニー!」という謎の言語を発見しました。僕はその瞬間「これや!」と思ったんですよね。どうでしょう、年越しの瞬間、母なる大地に足をついていない上に空中で果てている小○生。そんな人間は全人類の内に存在しない。そう確信しました。

そして大晦日、家族はみんな初詣に行っていたので家には僕ひとりでした。パンツを脱ぎ、階段の4段目くらいでスタンバイをして、テレビの年越しカウントダウンに目を向けます。もともと自慰自体は初めてではなかったものの、まだ精通していなかったため床にぶちまける心配もないと思い、ティッシュの準備はしませんでした。

年越しカウントダウンが残り5分を切り、人差し指と親指でチンコをつまみ皮を上下させました(当時は握るのではなくつまむのが正しいと思い込んでましたね)。我ながらベストタイミング、年越しまであと10秒もないくらいのところでようやくイきそうになり「ウッ!〝翔ぶ〟ぞッ!」とあらかじめ考えておいた決めゼリフと共に階段から飛び降りました。

するといつもと違う感覚に襲われ、そのまま空中で精通。地面に足を着くもぶちまけた精液で滑り、2歩くらい後ろに下がった後にうつ伏せに転んで全身グチャグチャの年越しを終えました（僕はこれを精通バックステップと呼んでいます）。

冬休みが明け、このことをみんなに自慢したのですが誰も信じてくれず「空飛ぶチンコ」と小6までイジられてしまいました。今となってはいい思い出だと思います。家族にはバレました。

ブタないで下さい〜！ぶひ

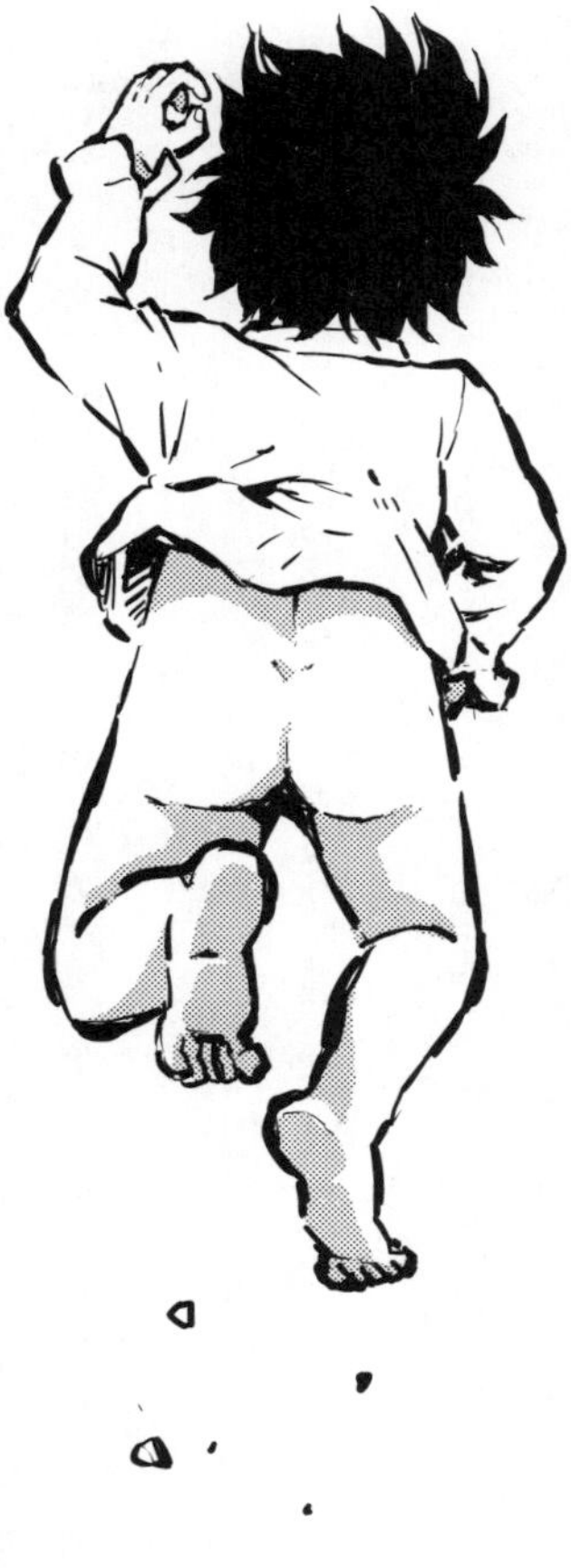

EP.75

ふたつの選択肢

［＃自慰］

中1のとき、部活中、先輩に「なあ、知ってるか？　チンコをしごくとスゲエ気持ちが良くなるんだ。ただしやりすぎは心臓に負担がかかるからやめたほうがいいぞ」と言われ、早速その日お風呂でしごくことにした。

チンコを見ると、しごけそうなところが2ヶ所あった。陰茎と陰嚢《いんのう》である。「そんなに特別なことなら当然生殖を司る精巣を内に秘めたこっちだろう」と陰嚢に手をかけてしばらくしごいたものの、痛くなっただけで特に気持ちよくなかった。

次の日、部活で「気持ちよくなかった」と言うと、「根気よくやれ」と言われた。陰嚢を10分くらいしごいたが、特に気持ちよくなかった。コミュ障は2回以上聞き返せないのでそれ以上は聞けず、1年半くらい断続的に陰嚢をしごき、やっぱり気持ちよくないなあと思っていた。

ムラムラすること自体は幼稚園の頃からあり、その感情が何だかわからず悶々としていたが、何だか他人に言ったら恥ずかしいものであると感じていた。しばらく経ち、家にインターネットが通り、夜な夜なネットサーフィンに勤しんでいた中2の冬のある夜、ふと「あの悶々とするのは何だろう」という疑問が頭をよぎった。

「これで調べるだけならいいよね……？」。勃起しながら例の「感情」をInternet Explorerにぶつけた。友人に話したら絶交されたことがあるので内容は割愛するが、小説が載った個人サイトが出てきた。読み進めるにつれて陰茎がはちきれそうになった。「ちんこ　おかしい」みたいな検索ワードで検索して、手淫について知った。右手でマウスを握り、左手で陰茎をしごいた。やがて何かが下腹部から出てきそうな感覚を覚えた。驚いて包皮をつまむと、経験したことがない快感とともに精通した。気持ちが良かった。先輩は間違っていなかった。抑えきれなかった精液がぽと、ぽとと座布団に垂れた。トイレに行ってつまんでいた包皮の先を解放し、トイレットペーパーでチンコを拭き、座布団をティッシュで拭いて、全てを水に流して寝た。それからは1日～数日に一度の頻度で射精をしている。現在不整脈持ちである。

ガッシャーブルム

描いたから見ろ

［#自慰］

私は小学校に入る前から性的なことに興味があり、性的快感は伴わないものの、ちょっとエッチな妄想をして興奮するという癖がありました。その内容はもっぱら、授業中UFO的なものに乗って窓ガラスを割って入ってきた謎の男に女子高生が誘拐され、無機質なコンクリート部屋に監禁・洗脳されてエッチなことをされるというものでした。ちなみにエッチなことの知識はあまりなかったので、胸を触る程度のものです。

EP.76

そんな具合に過ごしてきて小3になったぐらいの頃、同室だったふたつ歳上の兄から「エロ漫画を描いたから見ろ」というお達しがありました。内容ははっきり覚えているのですが、喫茶店に入った女性が席に着くと、付けていたはずのブラジャーとパンティが皿に載せられて運ばれてくるというものでした。

そのときはギャグのように見えて爆笑したものの、あるとき兄が不在の日にそれをこっそり読んでいて、「自分の普段の妄想と掛け合わせるとめちゃくちゃ興奮するんじゃないか!?」と気付きました。つまり喫茶店に入ってブラジャーとパンティを奪われた女性が監禁・洗脳されてエッチなことをされるのです。普段の妄想では、男が教室にいきなり入ってくるという不自然な導入だけが不満だったので、兄が考えたこの導入は私にとって画期的だったのです。

そしていつものようにベッドに入って布団をかぶり妄想に浸っていたところ、普段とは違う感覚が股間に集まってきました。私は性的なことに関心はあったものの、パソコンを親が完全に管理していたためあまり知識が無く、そのメカニズムはさっぱり分からなかったのですが、直感的に「これはこの興奮をブラッシュアップしてくれるものだ……!」と思い、局部に手を伸ばしました。服の上からぐにぐにに触ると明らかに自分のなかで何かが高まってくるのが分かります。

いじりつづけること数分、何かが出そうな感覚を受け、「このままだとパンツとズボンを汚してしまうのではないか!?」と気づき、「ヤバい!」と竿をきゅっと握りました。しかし皮肉にもその衝撃が射精への最後の一手となりました。あっけなく吐精した私はその快感を味わう暇もなく大慌てで衣服の処理をしました。たしかパンツは捨て、ズボンには幸いあまり付いていなかったのでちょっと水洗いをしただけで済みましたが、その後は気持ち悪くて穿きませんでした。

無記名

ボーイズ＆パンツァー

［＃自慰］

小3のとき、オンラインのブラウザゲーム（じゃが島興亡記）にハマっていました。ニンテンドウ64くらいのグラフィックの戦車を操作し、広い島の中で撃ち合っていくゲームなので、それ自体にエロさは欠片もないのですが、「戦車同士の通信」として参加者全員に公開されているチャットがありまして。そこで知らない人が「チンチンをしごいてみると良い」みたいな発言をしており、興味を持った僕はゲームを終えてお風呂に入り、浴槽の中でチンチンをしごいてみたのです。

最初は何も感じなかったのですが、ひたすらチンチンを握って動かしていると下腹部の違和感が強くなっていき、いよいよ射精（そんな言葉も知らなかったのですが）の瞬間となると「何かが来る！」という感覚を覚え、咄嗟に湯船から上がり、洗い場の排水溝に初めての精子をブチまけました。正直、気持ち良さはあまり感じず、とにかく驚いたのを覚えています。

匿名のチャットでオナニーを推奨していた得体の知れないあの人は、僕の精通を奪ったことも

EP.77

知らず、今もどこかで楽しく暮らしているのでしょうか。

あさよ

EP. 18

セルフ

［＃自慰］

小学5年生の春休み。本屋でゲーム雑誌を立ち読みしていると、視界の隅で表紙が丸くたわんでいる本があった。それは表紙こそマイルドなものだったが中身はエゲツなくエロい美少女ゲーム雑誌だった。ほとんど迷わず、たまたま読んでいたゲーム雑誌と読む気もない一般雑誌の間にソレを挟んでレジへ。帰りの親の運転する車の中で、バレる恐れとエロ本への興奮が混じりあったドキドキを感じたことを覚えている。

自宅へ戻ると、一目散に自室へ走って二段ベッドの上で読みまくった。だんだんと自分の顔が赤くなっていくのが自分で分かり、幼心に「俺はこんなにウブだったのか」と少しガッカリしていた。２ページに１回は必ず出てくるフェラシーンに興味津々だった。

その日の夜、フェラを試してみることにした。当然相手はいない。いるのは自分のみ。しかしここは二段ベッド。地の利はこちらにあると踏んでいた。いわゆるでんぐり返しの体勢になった。だがまだ口がモノにつかない。そこで足を天井につかせ、つま先立ちのような状態で無理やり口に持っていった。
気持ちよさは感じなかった。変な感触だなぁ、と思う程度で口の中でこねくり回していたら、突然謎の液体が口内に広がった。いきなりすぎて確かめることもなく、そのまま飲んでしまった。事が終わってから「俺はおしっこを飲んだのか……？」といった疑問をはじめ、さまざまなことが頭をよぎった。次の日、同じ方法で本物の尿を口に放ち、さらに謎が深まった。

無記名

グルグル巻き

［#自慰］

小学生の頃くらいから性的なことに関心があって、エロマンガを描いて友達とゲラゲラ笑ったりしていました。小5のキャンプのときにも、クラスメイトから見えないところで友達と触り合いしたりエッチごっこをしたりしていました。そのときは勃って先端がちょっと濡れてるくらいで、知識はありましたが、まだ射精には至りませんでした。

辞書でエロ単語を調べて、そこに書いてあった言葉を調べて…を繰り返し、興奮するのが日課になっていました。古本屋にあった雑学書を読むのも好きで、それを見ながら知識を培っていきました。家が厳しく、母に「オナニーしたらバカになるからダメだよ！」と言われており、実際にしたことはなかったのですが、自慰の方法は友達の話や書籍、ネットからの知識で知っていました。

中1になってしばらく経った冬に、ふと、ちんこにテーピングを巻いたら勃たないんじゃないかと思って、やってみたところ、なぜか興奮してしまい、勃ってきちゃって痛かったので、一度外し、それならと思って包帯でグルグル巻いてみました。テーピングを外すとき痛かったので萎えてたのですが、包帯を巻いていたら気持ちよくなってきて、結構長い包帯だったので、ひとしきり包帯でグルグル巻いたあと、余った包帯を伸ばして操り人形のように手で上げたり下げたりを繰り返していました。10分くらいしていると今まで体に感じたことのない猛烈な脈を打つのを

EP. 77

感じ、慌てて包帯を外そうとしたのですが、間に合わず、包帯内で精通をしました。びっくりしましたが、気持ちよかったのを覚えています。

前述の通り、オナニーはダメだと言われて育ったので、こんなのバレたら怒られると思って、一度濡らして、洗濯機の裏に隠しました。放置したまま忘れていて、2ヶ月ほど経ってから取り出したら、ガビガビに黄色くなっていたのでこっそり捨てました。きっと親にはバレてないと思います。

ふぃふぃりん

ダーティハリー5

［#自慰］

私の精通はたしか小学6年生のある冬の晩のことでしたが、私には「自分が精通を迎えた」という自覚がありませんでした。というのも、寝床でのマスターベーション行為は私にとっては日課であり、そのせいで布団の中はいつも汗でぐしょぐしょだったのです。

思えば私がマスターベーションを始めたのは、まだ物心すらろくについていない小学校低学年のときでした。膝を抱えて眠る癖のあった私は、内腿の間にちんちんを挟み、じり、じりと足を擦ることで、ちんちんが硬くなる感触を密かに楽しんでおりました。精通を迎えた晩がどうだっ

ep.20

たかといえば、私は寝入りばなのマスターベーションをとうに終え、仰向けになり、背筋を伸ばして眠っていたように思います。そして、股の間に湿り気を覚えて、目を覚ましたのでした。精通に気づかずにいた私は、特に気にもせず、再び眠ってしまいました。

私が自分の精液を初めて目にしたのは、実にそれから3年後の、中学3年生の大晦日のことでした。0時を回ってまだ眠れずにいた私は、クリント・イーストウッド主演作『ダーティハリー5』のDVDをレンタルしていたことを思い出し、夜更けに観ることにしました。それから『ダーティハリー5』を途中まで観たのか、観る前に気が変わったのかは、よく覚えておりません。ともかく、私はその日、普段寝床でしているマスターベーションを、トイレで直接ちんちんを握り、擦りながらやってみようと思い立ったのです。

私は、ちんちんから精液が出るところを見て、ショックを受けました。そしてそのとき、小学6年生の記憶と、保健の授業で教わった精通という言葉が、頭の中で力強く繋がったのです。私は精液を汚らしいと感じました。すぐにトイレの水を流すと、居間に戻って『ダーティハリー5』を再生しました。『ダーティハリー5』は、ひどい映画でした。今ではほとんど筋立ても覚えていません。しかし動揺しきった私は、終わりまでただじっと『ダーティハリー5』を見ているほかなかったのです。

CERBERUS

モリゾー

［＃自慰］

小学校高学年の頃。自慰のやり方は知っていたのですが、実行しても射精に至ることはありませんでした。そこで愛知万博で買ってもらったゴム製のおもちゃ（「モリゾー ヨーヨー」で検索すると出てきます）の持ち手をオナホのようにチンコにはめてしごくことを思いついたのです。するとあら不思議、もともと指を入れる大きさのわっかだったので十分な刺激が得られ、無事黄色く粘ついた精液が飛び出してきました。それ以来しばらくそのおもちゃで自慰を行っていたのですが、手でも十分に刺激が得られるとわかって、以後は使わなくなりました。

とんでん

EP.27

母の下着

［#自慰］

EP.22

齢50になる爺の昔話にお付き合いいただけましたら幸いです。自慰行為を覚えたのは小学校に上がる前でした。もちろんのことながらその歳で精通などありませんので、日に何度もドライオーガズムを迎えていました。

普通なら勃起した状態で自慰行為をするものでしょうが、私の場合は少し違っていました。勃起する前の柔らかいペニスに手のひらを押し当てて、布団にうつ伏せになります。そして、強く押し付けながら円を描くように手のひらを動かすのです。全体を押さえて刺激しているので、勃起せずにオーガズムまで達することができました。子供の包茎ペニスだからできた自慰行為です。

オカズは、母親のブラジャーでした。タンスからブラジャーを拝借して、服の上から身につけて自慰行為に耽る。ひとしきり満足したら、元通りにタンスに仕舞っておく。そんなマセガキでした。

歳を重ねると性欲も増してきて、服の上からブラを付けるだけでは物足りなくなってきました。素肌にブラを付けるようになり、パンツも脱いで母親のショーツを穿いて自慰をするようになりました。ときどきパンスト、ガードル、スリップを身に着け、スカートまで穿くこともありましたが、ブラとショーツだけでの自慰が基本でした。

精通は小学校5年生だったと記憶しています。いつものように母親のブラとショーツを身に着けて、勃起させずにペニスを刺激していました。だんだんと快感が増してきて、手の動きも激しくなってきます。普段ならやがてペニスに電気が走ったような刺激とともに絶頂を迎えるのですが、その日は小便を出したときのような感覚と共に亀頭が熱くなるような感じがしました。慌ててショーツをめくってみると、包皮からドロッとした白い汁が漏れていました。

「精通」というものは知識として知っていましたが、初めての感覚とペニスから出ている白い粘液というビジュアルに、頭がついてくるはずもありません。自慰行為のしすぎでペニスを傷つけて膿が出てしまったと思い込んでしまいました。トイレに駆け込んで無理に小便をしたのは覚えていますが、精液がどんな状態だったかは全く記憶にありません。ショーツにも精液がかなりついてしまったのにも気づかず、いつもどおりに畳んでタンスに仕舞っておきました。何よりも「ちんちんから膿が出た」というショックが大きすぎて、その日から自慰行為をしなくなりました。

数日して、母親にバレました。というより、かなり以前から私が下着を着けていることを知っていました。男の子が女性に興味をもつのは仕方ないと思って見て見ぬふりをしていたそうですが、さすがに精液で下着を汚してそのままにされるのは我慢できないと、こっぴどく怒られ、二度としないと約束させられました。その日を境に、うつ伏せで勃起していないペニスを擦る自慰はしなくなりました。しかししばらくして、膿が出たのではなく、精通があったと理解できました。そして、勃起したペニスを上下に擦る普通の自慰を覚えるのにも時間はかかりませんでした。射精の快感を覚えてからは、まさに猿のようでした。

それから数十年が過ぎ、私は週末だけおばさんに変身する女装趣味の変態爺になってしまいました。ここまででも十分に趣旨からそれてしまっているような気がしますが、爺の昔語りにお付き合いいただきましたことを感謝いたします。

宏美@熟女装

EP.23

風船で再現

［#自慰］

性教育で肝心なところを曖昧にされた結果なのか、私は小学生の頃はパイズリのことを性交だと勘違いしていました。性器＝男女それぞれにしか無いモノ＝ちんちんとおっぱい、性交＝性器をくっつけること、つまり性交＝ちんちんをおっぱいにくっつけることだと思っていたわけです。

そして好奇心旺盛な小学生のことです。性交をしてみたくなりましたが、本物の女子相手にそんなことを頼む度胸も無神経さもありません。そこで風船をふたつ膨らませておっぱいに見立ててちんちんを擦れば、性交を再現できると考えました。

親の留守を見計らい、自室のベッドでいざ計画を実行。気持ちよかったですが、めっちゃ飛んでベッドを汚してしまって親にバレないように処理をするのが大変でした。

空気嫁

ファビュラス

［＃自慰］

精通時期はおそらく小学校の高学年のときでした。あやふやで申し訳ないです。自慰の仕方は小学校の保健室に置いてあった漫画か何かで読んでいて知っていたと思います（女の子がナプキンを男子に見られて泣いていたページは何度か読んでも当時は理解できていませんでしたが）。

当時の私は大きなおっぱいが好きでした。「エ〇タの神様」というお笑い番組で長井〇和という芸人がほし〇あきという人のおっぱいについて述べていたのを見て「ほし〇あきのおっぱいは大きくてエロい」という概念が築き上げられていました。ところが、偶然観た別のクイズ番組でほし〇あきと某ファビュラス姉妹が並んで立っているのを見て司会者がこう言いました。

「いやぁ、〇姉妹と並べて見るとほし〇あきちゃんのおっぱいも子どもみたいだね」

そのとき、衝撃が走りました。それまでに最高にエロいと思っていたおっぱいの持ち主よりも大きなおっぱいを持つ女性を認識したのです。しかもふたりも。それからチンコがギンギンになってしまい、どうしてもオナニーをしてみたくなりました。

自分の部屋を持っていなかった私は、トイレに入ると某ファビュラス姉妹に手でシコシコしてもらう妄想をしながら射精を試みました。脳内で「おしっこをするぐらい簡単なことですよ」と痴女っぽく語りかけてもらうも、自分の知識が不足していて「本当にそうなのか…？」と疑ってしまい、その日は萎えてしまいました。

EP.24

後日、お風呂で同じように妄想とオナニーをしていたら初めて射精しました。痛さが勝って気持ち良さはそこまで無かったように思います。「これが精液か、本当にチンコから出てきた、ドロドロだな」みたいな感想だったような気がします。

家族には言わずに隠しました。ですが、どうしても誰かに言いたくなり、小学1年生のときからの友人に「オレ昨日、精通したぜ！」と教室で普通を装って打ち明けました。言われた友人は「デカい声でそんなこと言うなよ」みたいな目で黙ってしまったように記憶しています。

WAS

ep.25

掘りごたつ

［#自慰］

大きな掘りごたつの中に、エロ本があった。

その日、名前も忘れてしまった小４の友人の家に、俺は遊びに来ていた。彼の家は金持ちである。べらぼうに広くて古めかしい、和風の建築。だからかくれんぼを家の中でだってできるのだ。

和室の一室、その中央に据えられた掘りごたつの中に隠れる。中は暖かい。というか暑いくらいだった。そんなこたつの片隅に、確かにあった。オレンジ色の光に染め上げられたエロ本が。

友人には兄貴がいたことを思い出す。兄貴氏の忘れ物なのだろうか？　隠してるのか？　こんなところに紙類を置いちゃ危なくないか？　そんなことを考えながら、迷うことなく本を取り、ページをめくっていく。こたつの光で読んでいるから、あの美女もこの美女も夕焼けみたいな色をしていた。でも、当時小4だった俺のいたいけなちんこを欲情させるにはそれで十分すぎた。切ないちんこをズボンの上から撫で回していたら、唐突に未知なる快感が全身を包んだ。
もしかしたら、あれが精通だったのかもしれない。断定することができないのは、その直後に意識を失ったためである。気づいたら俺は病院にいた。「一酸化炭素中毒」について知るのは、それから数年ほど経ってからのことだった。

両親にぶん殴られました

ep.26

ご仏前

［＃自慰］

親にオナニーを見られたくないがために、実家がお寺ということもあるので本堂（お葬式とか挙げるとこ）なら誰も来ないと思い、仏様に見守られながら精通を迎えました。

ムラッド

ep.27

理科のテキスト

［＃自慰］

ある夜のことです。中学受験が迫り必死になっていた僕は、なんとなく股間をくすぐりながら理科のテキストを見ていました。生殖の分野で交尾の説明があり、興味本位で電子辞書を使って調べてみました。ませていた僕はその内容をどこかで知り、覚えていました。関連項目を見ると「性交」の文字が。「性が交わる」。その文章に、自身の興奮を抑えきれなくなっていました。

その単語に飛ぶと、具体的な説明が。誰から教えてもらうわけでもなく、僕はパジャマの上から自分の股間を貪りました。ほどなくして、下半身がビチョビチョに。隣では父親が居眠りをしていました。精通と同時に背徳感も覚えることができました。

TNG46

記録ノート

［＃興奮して勝手に］

Ep.28

小4の頃からエロいことには興味津々のムッツリクソガキだった。中1の頃、まだ精通はしていなかったが、夏服から透けるブラジャーに興奮し、前かがみになったときにチラリと見えるブラジャーと胸に興奮し、階段の下からチラリと見えるパンツに興奮し、水泳の授業でプールの対岸側に見える女子のボディラインに興奮する、そんなガキだった。

見るだけではもったいない――しかし写真を撮るのは犯罪というジレンマに苦しんだ俺が出した答えは、記録ノートをつけることだった。情報源は自分の記憶のみとし、可愛い子だけを対象に、名前と学年を明記し、透けブラや胸チラ・ブラチラ、パンチラを目撃した際には日付と曜日、色やデザインを覚えている限り記入し、プールや胸チラで目測したバストサイズや体型も記入した。同級生だけではなく、部活で一緒の上級生も対象だった。初夏から記録を付け、秋になるとそれはちょっとした大記録になった。下着のローテーションを限定的ながら把握した女子、ジュニアブラから大人型ブラに切り替えた時期を特定した女子などもいた。

そして晩秋、透けブラとプールが消え、胸チラ・ブラチラが貴重になった日の夕方。記録を眺めて初夏～初秋にかけての記憶を呼び覚ましていると、股間がこれまでの勃起では感じたことがないほどムズムズしだした。「これはもしや、射精か！」と思い至り、「来るなら来い！」と、より集中して記憶を鮮明に思い出した。高2（中高一貫校だった）のいちばんの美人、憧れの先輩の胸チラを思い出した瞬間に頭が真っ白になり、精通した。気付かぬうちに声が出ていたらしく、飼い犬が部屋の入り口から心配そうに見ていたのを覚えている。親が居ない時間でよかった。

そして次の透けブラシーズンは中2の初夏～初秋。進級後は下級生も対象として記録を続けた。高校進級後も記録は続いた。付き合った女子という高密度情報源も加わったことで記録はとんでもないことになった。下着の色・デザインの流行や個人ごとの好み、胸の大きさごと・年齢ごとの下着の傾向すら大まかながら把握できたし、同級生女子は胸の大きさの変化も分かる。気分はまるで情報屋だったが、一方でその記録が社会的死を招く危険物ということも認識していたので、誰にも記録のことを話さず、まさに自己満足のためだけの記録だった。

そんな一大記録も高3の初夏にいくつかの胸チラを記録したのが最後となった。理由はキャミソールの流行だ。透けブラはほぼ絶滅し、ブラチラもキャミソールに阻まれるようになった。

血の涙を流しながら受験勉強に向かったのだが、6年間透けブラ、胸チラ・ブラチラ、パンチラを追いかけ続けてきたせいか映像記憶力が鍛えられており、教科書や参考書の内容を短時間で映像として記憶でき、試験中にその映像記憶の中にある教科書・参考書を読むという技を使えるようになっていた。おかげで第一志望の大学に合格することができた。

「エロはパソコンを使いこなす原動力だ」とよく言われるが、それだけではない。エロはあらゆることの原動力だと実感した。今でもたまに記録ノートを見てオナニーしている。

エロマンガ島にイッてみたい

ブラウスの隙間

［＃自慰］

中2の夏、掃除のとき、クラスの4番目くらいにかわいい女子のブラウスの隙間から、水色のブラがチラリと見えた。その晩、ひとつ自慰をしてみるかと風呂で昼間に見た光景と今までエロ本で蓄えた知識を組み合わせ射精に至った。そのときの勢いは壁に放たれた精子が自分まで跳ね返ってくるほどだった。精通から15年経つが、あのときほどの勢いで出たことはない。

擦りむけ侍

EP.27

潮吹き

［＃自慰］

もともとちんちんを触ると気持ちいいということにはなんとなく気付いていた。で、小3あたりから親が近くにいないときは常にいじってた。「よく分からないけど、もっと気持ちよくなりたい！」って思った自分は、根本を左手で固定して、先端を皮の上から右手の人差し指&中指の第一関節で左右に擦るとヤバいことに気付いた。今なら分かるけど、裏筋をこれでもかと刺激していた。そしたら、なんかすごい波が来て頭が真っ白に。初イキだったけど、精子は出ず。ただあまりに衝撃的で、それからは親の目を盗んではずっと擦りまくってた。

時は流れて小5のある日。その頃自分は友達からだんだんとエロ知識を仕入れるようになり、「潮吹き」とかそういった単語を頭のなかで響かせるだけですごいエロい気分になるようになった。で、いつものように部屋でひとり先っぽを擦り続け、波が来るのを感じたので、頭の中で「これが潮吹きなのねっ…」みたいな、女性の絶頂に感情移入するようなセリフを言いながらいつものように波を迎えたら、自分からもなんか出た。本当に驚いた。皮の中に何かが溜まっている！っていうのでちょっとパニックに。とりあえずティッシュで拭いてトイレに流したけど、ずっとドキドキしていた精通直後のお話でした。当時はそれを自慰と呼ぶとか、普通はしごいて射精するとか知らなかったから、中3までずっと同じ方法で射精してました。

らんげる

EP.30

アメリカの夜

［#自慰］

中2の夏休みに父親とふたりでアメリカ旅行に行ったときです。

博物館みたいな施設を訪れると、昔のネイティブアメリカンの等身大のリアルな模型があり、女性のネイティブアメリカンのほうは胸が丸出しでした。中2には刺激が強く、勃起しながら父親には悟られないように模型のオッパイを目に焼き付けていました。

その夜、寂れた町のモーターホテルで父親と同じベッドで寝ているときに、父親が寝ているのを見計らってオナニーしました（ダブルベッドの部屋しか空いていなかったために同じベッドでした）。どうせ射精はしないと思っていたので、ティッシュ等の準備もせずに布団の中でいじっていると、いつものようにイク感覚が近づいてきました。

その振動を感じたのか、突然父親が「ん!?　地震か??」と寝言を言い、それにビックリした瞬間にイキました。ドキドキしながら、先っちょの皮を触ると少し濡れてる感じが…。そっとトイレに行き、皮を剥くと、亀頭がオシッコとは違う粘液に濡れていました。それが、私の精通です。

赤チョイ

EP.37

8月

［#自慰］

僕の精通は微妙に遅いかもしれません。中学1年でした。僕の姉は、とあるアニメが好きなオタクです。部屋中にそのアニメのグッズを飾っているくらいのオタクでした。

ある日、僕と姉は大喧嘩をしました。内容は省きますが、人格を否定するレベルの罵詈雑言を浴びせられ、しばらく怒りが消えませんでした。

そして、姉が家を空けた日、何かしら復讐をしたくて姉の部屋に忍び込みました。そこで見つけたのが姉の大好きなアニメのカレンダーでした。それはめくっていくタイプではなく、1枚ずつバラでケースに入っているのをその月が来るたびに飾るというタイプなのですが、そのうちの「8月」をこっそり盗みました。今思うとしょぼい復讐ですが、なんだかんだで姉を恐れ、なおかつ何かダメージを与えたい僕からすると、できる限りの復讐だったんです。

そして盗んだカレンダーをどうしようかと思っているうちに、イライラとともにムラムラまでが溢れてきました。そのカレンダーは「8月」なだけあり、キャラが水着を着ていたんです。

性には淡白で、それまで性に関するエピソードはほとんど無いレベルだったのですが、その日はなぜか欲が止まりませんでした。そして知識としては知っていた自慰を試み、むずがゆいような感覚とともに、「8月」にぶちまけました。

我に返り、かなりやばいことをしてしまったと青くなった僕は、汚れたカレンダーをなぜか四

EP.32

角く、できるだけ小さく折って、近所の公園に埋めました。姉にはなぜか「8月」について聞かれたり咎《とが》められることはありませんでした。

今でも近所の公園の、水飲み場の近くには「8月」が埋まっています。

棚

EP.33

7月25日

[#自慰]

中2の保健の授業で初めて「射精」という概念を知った。その授業の最後に先生が残していった「子どもを作る練習だからほどほどにやっとけよ」という言葉に対して、「早く自分もやらねば」という焦燥感に駆り立てられた私は、教科書の記述と「ダーウィンが来た！」の爬虫類・両生類の交尾シーンを元に、なんとなく「射精」の行為のイメージを固めながら、同室の父親の留守の日を狙って初射精のプランを練っていた。

事を起こしたのは保健の授業から2ヶ月が経った、2XX年7月25日の夜2時。父親の出張まであと3日にまで迫っていたが、どうしても我慢ができず、両親が寝静まったのを確認してすぐにベッドを抜け出した。

最初は風呂場でやろうとしていたら洗濯物が干してあったのでベランダへ行くと、サンダルの上に脱いだ服を置いて全裸になり、ベランダいっぱいに新聞紙を引いてその上に四つん這いになって自分のチンポを擦った。ノコギリの要領で、引くときに力を入れて擦った。夏ということもあって（？）かなり早く精液が出たと記憶しているのだが、出した当時は「気持ちいい」とか「これが射精か」みたいなものより「屋外で裸になるってやばい」という興奮が強く、精通の瞬間の記憶は残念ながらかなり曖昧だ。

当時は人間のセックスの方法を知らず、施設的な場所に自分の精液を提供して子どもを作るものだと思っていたので、新聞紙に精液を包みしばらく自室で保管しておこうとしたが、次の日の朝起きてみると臭いがやばかったので新聞紙ごと弟のオムツに包んで捨てた。

今でも7月25日にはベランダでチンポを擦るのが習慣である（全裸になるのは中3で終わりにした）。今年は蚊がいなくて良かった。

ろくまるご

最終兵器彼女

［#自慰］

オナニーは小学生の頃から知っていたのだが、してみようと思うこともなく中学生になった。

僕の兄貴は漫画好きで、あるとき「なんか泣けるやつある?」と聞くと、「じゃあこれ」と『最終兵器彼女』を渡されたのである。1巻から僕はめちゃめちゃに引き込まれた。ストーリーも最高だけど、たまに入るえっちなシーンが妙にリアルで興奮した。僕は勃起した。

しかし、だんだん悲愴感を増していく物語。キャラクターがひとり、またひとりと死んでいく展開がただひたすらに辛かった。どうかシュウジ（主人公）とちせ（ヒロイン）だけは幸せになってほしい。そう願いながら読み進めていった。

そして最終巻。ネタバレになってしまうが、この最終巻で初めて主人公のカップルがセックス

EP.34

するのだ。物語が進むうちにどんどん兵器化していき、一時は完全に感情が無くなっていたヒロインが、主人公とのセックスで再び感情を取り戻すのだ。最終巻のセックスシーンが始まる頃にはもう僕は涙で顔がぐちゃぐちゃになっていた。そしてちせは言う。

「こっこがほしいよぉ」

号泣だ。ちせはずっとこっこが欲しかったのだ。僕はそれを知っていながら何もしてやれなかったのだ。僕の右手は自然と股間に伸びていった。

こっこを作るのだ。

僕がこっこを作らねばならない。

涙と汗とカウパーでぐちゃぐちゃになった僕の右手は激しく動き、主人公とほぼ同時に射精した。

これが僕の精通だ。

僕は『最終兵器彼女』が流行った世代ではないので、友達にこのエピソードを話しても「エロ本で抜いたのね」くらいの感想しか返ってこないのだが、違うのだ。

僕は抜いたんじゃない。

僕はこっこを作ったのだ。

このエピソードを読んで共感してくれる人がいればいいなと思う。

無記名

射精キャンセル

［#自慰］

中1の頃、クラスメイトに教室で「オナニーってなに？」と聞き、ちんこをこすり続けると気持ちよくなって精子が出ると教えられる。周りはみんな知ってたのでシンプルにトラウマである。その夜、性行為の知識などなく、女体への興奮など知らないまま、風呂場で1時間ほどブツをこすってみたところ、急に全身にぐっと力が入り精通。

しかし出るときに「何か怖い」と思い、ちんこに全力で力を入れ、裏スジまで性液が流れて来たところで、ちんこの筋肉か何かで食い止める。「もしかしたら精子って減るのではないか？妊娠希望時までとっておかなくていいのか？」という不安が急に湧いたため、間に合ってないがギリギリの抵抗である。

自分の意識とは関係なく尿道を液体が通るのは初めてだったので、裏スジの盛り上がりを見て感動的な何かを感じつつ、なんとか力を抜いて少しだけ精液を出し、「うわ、本当に白いの出た…。保健の教科書でならったやつだ…。こういう方法で出すのか…」と思いながらもめちゃくちゃビビってシャワー浴びて風呂を出た。

ちん筋

ep.35

EP.36 仮面ライダーオーズスレ

［#自慰］

「2ちゃんねる」で昔の儀式風にオナニーを綴ったコピペを見て「よっしゃやってみっか！」と実行に移して5回目で出ました。あのとき仮面ライダーオーズスレに無関係なコピペを投下しまくって荒らしてた人、ありがとうございました。

島根の力士

EP.37 スカート

［#自慰］

当方22歳。たしか小学5年生か6年生のときである。前からなんとなく女の人のことを考えるとチンコが勝手に膨らむという不都合な事実には気付いていたものの、なんとなく駄目だと思い、家族にはバレないようにしていた。

ただ、ある日意味もなくめちゃくちゃエロい気持ちになって、普段ジャンプのキャラとかを模写して遊んでいたノートにめちゃくちゃでかく「スカート」と書いてみた。当時私が知っていた最上級に女性の性に近い言葉、それが「スカート」だったのだろうか。何故かめちゃくちゃエロいなと思ったものの、こんなものを書いていることが親にばれたら大変なことだと思い消した。

その晩、風呂に入るとチンコが立っていた。別段珍しいことでもなかったので、無視していたが、なんとなくそれをいじり出した。飛行機の操縦レバーのように横にぐいっと引っ張るとなんとなく気持ちいいということがいじっていくうちに分かった。それを何回もやっていると自然とこする形になり、夢中で何回も繰り返していると、脳みそが真っ白になって、先からゼリーが出ていた。「チンコからゼリー出た…」と思い、恐ろしい虚脱感と謎の疲労感と共に浴槽を後にした。まるで体が空洞になったような虚脱感だった。

いい

断片的な情報

［#暴発］

あれは小学5年生のときだった。当時、すでに性教育である程度の知識は持っていて、「男性が射精して出てくる精子が、女性の卵子にたどり着いたら妊娠する」ぐらいは知っていた。しかし、性教育で「精子は空気に触れると死ぬ」「卵子は女性の子宮内にある」という相反する断片的な情報を与えられ、実際に受精はどのように成立するのかさっぱり分かんねぇなぁと思っていた。

ある日突然、親父の部屋で官能小説を見つけて読んだことにより、その謎は解けた。当時は男性器を女性器に挿入するということが衝撃的すぎて、しばらくの間、子供を持つ大人は全てこのような穢《けが》らわしい行為をしているのか…という一種の軽蔑みたいなものが心の中にあった。

しかしながらその小説自体には興味津々で、親父のいないときに持ち出してはじっくり読んでいた。そして、当然フル勃起しながら読んでいたところ、たまたまコツンと机に当たったはずみで初めて出た。ほとんど透明の精液が少し出た程度だったが、十分気持ちよかった。

それからというもの、罪悪感とか背徳感とか、大人への軽蔑心を抱えつつも、快感を欲して自慰行為に浸るようになった。

Anonymous

ep.38

ジェットバス

［＃自慰］

はじめてのオナニーは小学校2年の頃、我が家の風呂にはジェットバスが付いていたのですが、なんとなくそのジェットバスの穴にチンコを突っ込んだことでした。

「ジェットバスの穴にチンコを突っ込むと気持ちいい！！！」ということを興奮気味に親父に話したところ、親父はめちゃくちゃ困った顔でそれがマスターベーションという行為であること、自分にはまだ早いことを語ってくれました。もちろんすでにオナ猿化していた自分はそんなことは聞き入れませんでしたが（隠れてやっているつもりでしたが確実に親父にはバレていたと思います。一緒に風呂に入ってましたし）。

その後「風呂に入っていなくても〝マスターベーション〟ができる画期的な方法」として祖父のマッサージ器をチンコに押し当てる技術を開発した後、それは祖父母のいる居間でやらなければいけなかったために「自分の部屋でも〝マスターベーション〟ができる素晴らしい方法」である床オナを開発し、小学校5年のときに精通を迎えました。すでに体も大きくなり当初の「ジェットバスの穴にチンコを突っ込むマスターベーション」はできなくなっていました。

今でも我が家の風呂に入るたびにふとポジショニングしてみて、チンコの位置がジェットバスの穴より遥かに高い位置にあることを確認し、成長したなぁと何か嫌な実感を得るのでした。

ナルミー

EP.37

EP.40

村上春樹その1

［#自慰］

中1のとき、めちゃくちゃ話題になってた村上春樹の『1Q84』を読もうと図書館に行って借りました。中1にはやはり難しく、開始早々「何の話やねん」と飽きかけていましたが、50ページほど読み進めると、登場人物の女の人がいきなりおっさんとSEXを始めました。性に疎かった自分にはとても衝撃的でしたが、好奇心には勝てずしっかりと読みました。その後初めてのオナニーとともに射精しました。量はそんなに多くなかったと思います。

（;◇;）

EP.41

村上春樹その2

［#自慰］

知識ばかり先に仕入れていた中学2年生の頃。射精の存在はもちろん知っていたものの、精液を見たことはなかったので、勃起したまま排尿しては「これが精液なのかなあ」とモヤモヤ思う日々でした。

そんな当時、村上春樹の『海辺のカフカ』が発売され、親が買ってきたのか、家に置いてあったのを熱中して読んでいました。主人公の少年が15歳の誕生日に旅に出るというストーリーを読み、14歳だった自分は憧れと焦りを感じていた気がします。

その主人公のカフカ君が亡霊というか生き霊というか、とにかくこの世のものではない存在とセックスをするシーンがありました。貪るようにそれを読みながら、股間に違和感を覚えて、また貪るように愚息をしごき続けました。ほどなく、ものすごい快感とともにやや黄色味がかった精液が出たのを覚えています。「これが精液か？」と思いながら、勃起して出していた尿とは明らかに異質な存在に「ああこれが」と腹落ちした感覚が今でも強く残っています。

そしてネットで仕入れていた、精液はイカ臭いという情報を確かめるべく臭いを嗅いだのですが、そこにはビオレのボディソープの香りしかしませんでした。ビオレのボディソープの香りを嗅ぐと今でも射精を覚えたてのあの頃の記憶が蘇ってきます。精液が顔まで飛んだのもその頃が最後だったなあと。イカ臭いのは精液そのものではなく、射精して汗で蒸れた後のちんこの臭いだと知るのはもう少し後のことでした。

ぺろ

焦りオナニーその2

［#自慰］

私の精通エピソードなのですが……そもそも投稿しようと思った動機は、「焦りオナニー」のエピソードを見て「同士がいたのか！」と感銘を受けたことによります。

私の焦りオナニーは、友達からの電話でした。

小学5年生の頃、ある日友達と遊ぶ約束をしていた私は、友達が「家に帰ってから電話をかけるね」と言っていたので、そのまま自宅の固定電話の前でジュースでも飲みながら待っていようと思いました。

私は昼過ぎに家に帰ってくるとすぐにトイレに行く習慣みたいなものがあるのですが、ちょうどそのときに友達から電話がかかってきました。

トイレで便座に座っていた私は「やべっ！　電話切れちゃう！」と焦り、急いで尿の残りを切るために指でちんちんをはじきました。すると今まで感じたことのなかった高揚感というか、ゾクゾク感のようなものが私を襲ったのです。鳴り響く電話のコール音と次第に膨らんでいく黒い欲望に急き立てられ、ちんちんをはじく手が止まりませんでした。ひとつはじくたびに胸を締めつけられるような気持ちになるのに、どうしてか気持ちよかったのです。そうしてトイレに籠もり続けていたせいで電話は切れてしまいました。

便座に座りながら股を広げて自分は何をやってるのかと思いつつ、そのときの私は心の底で二

Ep.42

度目のコールを待っていました。するとすぐに待望の二度目のコールがリビングから聞こえてきました。私はまた背筋を撫でられるような焦りからくる衝動に流され、夢中になってちんちんを弾き続けました。そして弾いているうちに腰が浮くような感覚が訪れ、勢いよくトイレのドアに向かって発射しました。

精通の快感は強烈だったのですが、それよりも射精後の倦怠感と賢者タイムの影響で私はそこでやっと正気に戻りました。とりあえず電話に出てからドアや床に付いたものをトイレットペーパーで拭き取り、30分遅れて友達の家に着きました。友達に遅れた理由を聞かれるもさすがにオナニーとは言えず、適当に寝てたとはぐらかしてその場は収めました。

私はこの後もこの焦りオナニーでいくつも予定時刻を踏み倒してしまったのですが、いちばん酷いもので、6時間も遅れて結局行かなかった、というのもありました。

遅刻魔

EP.43

「ちんこを触る」

［#自慰］

小6のとき、クラスの男子たちがエッチな単語を言ったり下ネタで笑ったりしていたが、当時の自分はさっぱり意味を知らなかった。ノリが悪いと思われたくなくて一緒に笑っていた。ある日、ちんこを勃起させてから触り続けると気持ちいいという情報を得て、自室で実践してみた。「ちんこを触る」と意識して触り続けたら射精していた。何故か「ちんこを触る、ちんこを触る」と呟きながら触っていたせいで、射精するとき「ちんこを触るウウッグウッ！！」と唸っていた。

夕方

EP.44

このシステムには穴がある

［#自慰］

小学校から中学校に進学するタイミングで家を引っ越しました。小6にもなるとケータイ（ガラケー）をすでに持っている子も多く、その友達たちと連絡が取れるように自分もケータイを買ってほしいと親にお願いし、ケータイデビュー。ただそのケータイのインターネットプランが問題で、子供用の通信サポートサービス（アダルトサイトなどをアクセス前にブロックする）に加入しており、ほとんどが非表示にされるというものでした。

その頃から趣味はゲーム。今までゲームの攻略サイトを見るには親のめちゃくちゃ重いパソコンでないといけなかったのがなんと自分のケータイでも見られるように。これは嬉しかった。色々な攻略サイトを巡っているとやはり目に入ってくるのは大人向け漫画サイトやエロゲーのバナー広告(もちろんブロックされてアクセスはできません)。性への知識は保健の授業で習った程度だったので、なにかそういうことをしてる絵なのだという認識はありながら、自分にはまだ関係ない世界の話なんだと特に意識していなかったのですが、ある日攻略サイトを見ていると、操作を間違えてそのバナー広告を押してしまいました。ここでびっくり。なんとそのサイトに繋がってしまったわけです。そりゃもう目が真ん丸になりました。

ここで気づいてしまったわけです。「このシステムには穴がある…」と。

その日から大人への扉が半開きくらいになった私は、知ってるアダルトワードを検索エンジンに打ち込み、システムの穴を探るエロガキへと進化。一度沸き上がったエロへの探求心は、何十何百というサイトにブロックされてもめげずに、ただひたすらにおっぱいの画像を求める性欲猿へと私を変えてしまったわけです。

数日後、あることに気がつきました。「エロ自撮りを載せてる系の個人のブログはほとんどがブロック対象にされていない」と。次から次へと顔の写ってないおっぱいの画像を眺めて興奮していると、おちんちんが普段よりガチガチなのに気づきました。触ると気持ちがいい。乳首がまっピンクのおっぱいを見ながらパンツの上からモミモミモミモミ…。このあと無事に精通。もちろんパンツはびしょびしょ。焦りながらティッシュで後片付けをしました。

カズノコ

マドラー

［＃自慰］

中1のときです。勃起したチンチンの亀頭と皮の間に金属のマドラーを挿し込み、亀頭の外周をくるくるかき混ぜるような動作をしていました。なんでそんなことをやろうと思ったのかは謎ですが、夏だったので金属の冷感を求めてのことだったのかもしれません。包皮の下でマドラーが動くのが面白くて、カウパー腺液が出ると、さらにスムーズに動くようになってきました。

そうなるとバカな中学生のことです。1分間で何周できるかとかアホなチャレンジを始めてしまいました。くるくるくるくるとマドラーを動かしていると次第に変な気持ちになってきたのですが、1分間チャレンジの最中で止めるわけにはいかなくて、くるくるしているうちに精子が湧き出てきました。ドピュッと飛ぶのではなく、ダラダラとあふれ出る感じの精通でした。

それからはチンクルオナニーにハマって毎日のようにやっていました。ダイソーで買った金属のマドラーがお気に入りの相棒です。

後日談なのですが、中1といえば反抗期に入りますよね。私も母親をババア呼ばわりしたりと

EP.45

香ばしい反抗期を迎えていました。その反抗期真っ盛りのときに、チンクルオナニーの一部始終を母親に観察されていたという事件が起きました。チンチンの先しか見ていなかったので母親が斜め後ろにいることに気が付かなかったのです。
イッた直後に後ろから「あんた変わったやり方するんねぇ」と声をかけられた瞬間に私の反抗期は終わりました。それ以降、私が生意気な態度を取ると母親が何かをかき混ぜる動作をしてきます。もう母親には頭が上がりません。

チンクル

政治ニュース

［＃自慰］

小４の頃、ニュースか何かのテレビ番組で聞いた「じいこうい」という単語の意味を知りたくて国語辞典で調べていたところ、「自慰」という単語が目に留まった。

「性器を自ら刺激して快感を得ること」という内容に興味を持ち、「〝快感〟って〝気持ちいい〟って意味だよな…。よし、どう気持ちいいか試してみよう」と試してみたところ、じわりとちんこの先から白っぽい液が出てきて大変驚いた。それと同時に「これは親には隠さなければならない」と直感し、即座にティッシュで拭いてトイレに捨てた。

大して気持ちよくなかったのでしばらく自慰は封印したため、快感を伴う射精は小６の初夏になる。同級生女子が落とした消しゴムを拾うために前かがみになったときに見えた膨らんだ胸に興奮がなぜだか抑えきれず、帰宅してすぐにトイレにこもり、２年振りに自慰に及んだところ、背筋に雷が走るような快感と共に射精し、10秒ほど頭が真っ白になったままだった。

ちなみに小４のときにテレビで聞いた「じいこうい」は、今思うと「示威行為」だろうと思う。

無記名

EP.46

恋と友情と欲望の精通

EP.1

脱衣大富豪

［＃人の手で］

中1のとき脱衣大富豪をして脱ぐものがなくなって全裸になったあとの泣きの1回で負けて3人から代わる代わる手コキをされた。

無記名

EP.2

ネトゲで出会った女子大生

［＃性交渉］

小学生の頃からエロ博士だったので、ネットで得た知識でオナニーに挑戦。エロアニメを見ながらしごくも射精には至らず。やたら空しくなり「やってられんわ！」と諦めたのが小5の夏。それから2年経ち、中1の夏。ネトゲで出会った女子大生と仲良くなり、その人の家で昼寝をしてたら股間に違和感を覚えて目が覚めた。寝ぼけ眼を擦って見ると、ズッポリ挿入されている。

「なにやってんすか？」

「んふふー。ちょっとねー」

そのまま射精。エロ漫画みたいな展開で精通と同時に童貞を捨てた。めっちゃ気持ちよかった。

だいち

片想い

［#夢精］

中2のとき好きな子ができたのですが、付き合ってほしいと言うことができず片想いをしていました。ある日、その女の子と手を繋いで歩くというありきたりな夢を見て興奮し、ちんこが暴発して夢精していました。結局片想いを続け、付き合うことはなく別々の高校に行き、今は何をしているのか分かりません。フラれてでも「好き」と言っとけば良かったなぁと今でも後悔しています。

やすひろ

EP.3

野球部の先輩

［＃夢精］

中2の当時、身長が学年で2番目に低く、当然身体の成長も遅かった。オナニーどころか毛すら生えてないのに、「友だちに置いていかれる恐怖感」から興味のないエロ本を部室で読んだりして「勉強」してた。苦痛だった。みんなに追いつく「勉強」だと思っていたから。勃起はしてたけど。

中2から中3になる前の春休み、先輩の高校受験合格祝いをしようと、野球部のヤツら5人で先輩の家に泊まりで乗り込んだ。騒ぎまくって夜も更けて、先輩の兄貴秘蔵の「無修正AV」を見ることに。初めて見る女性のアレ。なんともグロテスクに感じて、正直気分が悪くなった。勃起はしてたけど。

初めてのアレに興奮が収まらなかったのか、夢に出てきた。夢ははっきり覚えていない。「何か出る！」。その瞬間に目が覚めた。是非が度々問われる日本の性教育だが、しかしそのおかげでベチャベチャになったパンツの中のそれが「夢精」ということは理解できた。

問題なのはこの状況。先輩の家。さらに同じ部屋に友だち4人。バレたら社会的にしぬ。パンツの中を凝視しながら、「夢精くん」「ざーめんまん」などのこれから付けられるであろう残酷なアダ名が頭をよぎる。

ふと左を向くとパンツの中を凝視するおれを凝視する先輩が。終わった…。いや、待て。この

EP.4

先輩は常日頃、おれに甘い。今では見る影もないが、当時おれはイモ臭い野球部になかなかいない「可愛い枠」だった。ひとりだけ坊主頭にしなかったおれを「髪サラサラで可愛い」と言った先輩だ、お願いしたら秘密にしておいてもらえるかもしれない。

「誰にも内緒にしてください」

そう言おうとした。しかし口を開いた瞬間に嗚咽《おえつ》と共に涙が溢れた。今ではすっかり立派な社畜だ。感情のヒダなど抜け落ちてしまっている。しかし当時は多感で純朴な中学2年生。頭の中はパニックだった。

多分全てを察していた先輩はそっと抱き締めてくれた。ただ黙って頭を撫でてくれた。

「ここじゃみんな起きるけん」

先輩に手を引かれ風呂場へ。

「おれのじゃけど、パンツ置いとく。あと、誰にも言わんけん」

目線を逸らそうとするおれの目を捉えて力強く言ってくれた先輩。優しくてカッコよかった。

大好きになった。

だけど。今になって、サシ飲みで酔うとこの話をしてくる先輩。

「今と違ってあんとき純粋でばり可愛いかったー」

お互いアラサーだ。もう忘れてほしい。

くそちび

EP.5

実験体

［#人の手で］

小学4年生のとき、7つ上の姉に彼氏ができたらしく、実験体として布団の中で手コキ&フェラをされました。2度の絶頂の末、初めて出た精液を姉の顔にぶっかけました。

フレP

EP.6

柔道一直線

［#自慰］

現在20代後半です。中学1年の頃、柔道部に入ってました。

隣の中学校には柔道部が無いのですが、ひとりだけ非公式（?）の部活動でやっている細身で背の高い綺麗な顔立ちの女の子がいました。その女の子は私の中学の柔道部で3年間一緒に練習することになります。

人数の少ない部だったので、立ち技・寝技を男女合同でやっていたのですが、寝技の練習のときにその子の胸や股間に触れてしまうことがあって（わざとではない）悶々とした日々を過ごしました（しかも道着やインナーが白いので汗でパンツやブラが透けてコレがたまらない…）。

夏休みの練習日、練習のときに寝技に持ち込まれ抑えられたのですが、なんと上四方固め!!

女の子の股間が！　胸が！　ダイレクトに！　顔面に！　体に！　押し付けられるではありませんか!!　しかもたくさん汗をかいているのになんて良い匂いなんだ!!　女の子ってすごい…!!　その子は寝技が得意だったのでガッチリとホールドされて逃げられなかったんですけど、一生このままでも良いと思いました…。

その夜、寝ようと思って布団に入り、あの子の股間、おっぱい、匂い…と思い出していたら息子から白い液体が出たのがはじめてでした。寝技が得意なあの子は今どうしているのだろうか…。

匿名

チャンバラ

［#友達とチンコ見せ合いで］

EP.7

小学5年生の秋頃から俺のチンコは一気にデカくなった。大人のチンコを見ても俺のほうがデカかった。それから他の子にチンコを見られたくなくて6年のプールが始まった頃はずっとチンコを見られないように着替えていた。

夏休みに入って友達のともひろの家に遊びに行ったとき、6年になってからずっとチンコを隠していたので「お前チン毛生えてるだろ」と言われてしまった。本当に生えていなかったので「生えてない」というと「じゃあ見せてみろよ」と言われたが恥ずかしかったので見せなかった。

するとともひろが「俺、実は生えてきたんだ」と言ってチンコを見せてきた。発育が良かったのでかなりボーボーだった。仕方なく俺もチンコを見せると「デケー」と言って触られた。仕返しに俺もともひろのチンコを触るとお互いちょっとずつ大きくなってふたりとも勃起した。

勃起した俺のチンコを見てともひろは「マジヤベー」とマジマジと見てきた。恥ずかしかったので、「チンコチャンバラ」と言ってチンコでチャンバラを仕掛けた。ともひろも応戦してきてチャンバラをしていると、ともひろが「タイムタイム、オシッコしたい」と言ってきた。俺もオシッコしたくなっていたので、「どっちが我慢できるか勝負しよーぜ」といってチャンバラを続けた。

そして俺は急にオシッコが我慢できなくなり「オシッコ！　オシッコ！」といったとき、ともひろも「オシッコ漏れる」と言ってふたりで同時に射精した。ふたりとも知識も経験もなく、病気じゃないかとしばらくの間悩んでいたが、射精や精通のことを習って安心した。

たくま

EP.8

兄貴

［#自慰］

小5のある日、見たいテレビがあったので時間短縮のため兄貴（中1）と一緒に風呂に入りました。普段は一緒に風呂に入らないので知らなかったけど、兄貴のチンコには毛が生えていて、当時ガキだったオレは兄ちゃんチン毛生えてるし大人だと思いました。

そこで兄貴なら知っているかもと思い、当時クラスメイト数人が話していたオナニーについて兄貴に「兄ちゃんオナニーって知ってる？　やったことある？」と何も考えず聞きました。兄貴はオレの突然の突拍子もない質問にビックリした様子でしたが「知ってるしやったことある。突然変なこと聞くな！」と少し恥ずかしそうに怒ってきました。それでもオレはその答えにさらに踏み込んだ質問で「マジ？　どうやってやるの？　やってみせて！」とアホみたいなお願いをしました。兄貴はさすがにお手本を見せるでも答えるでもなく風呂を出ていきました。

その日はそれで終わったんですが、オナニーが気になるオレはそれから何回か同じ質問をしたところ「見せないけどやり方教えてやるから脱げ！」となかばキレ気味でオレに言ってきました。

教えてくれるんだーと思って言われるがまま服を全部脱いで全裸になったオレを見て兄貴は爆笑しながら「下だけでいいのに（笑）まぁーいいやチンポ握れよ」などと言いながらやりかたを教えてくれました。

10分くらいしごいていたらムズムズしてきてそれを兄貴に伝えたら「そのままシゴけ！」と言われて言われるがまま先からドピュって出たのがオレの精通です。このとき全裸でやったせいで今でもオナニーするときはなんとなく全裸でやってしまいます。

無記名

EP.7

兄妹

［#自慰］

私が小学4年生、兄が小学6年生のときでした。私と兄はものすごく仲が良いわけでも悪いわけでもなく、喧嘩もそこそこする普通の兄妹でした。

私たちが通っていた小学校では小学4年生で第二次性徴に関する簡単な授業がありました。「女子は生理、男子は精通がある」という事実だけを学び、性に関することに恥を覚えることも知らなかった私は、家に帰り夕飯時に、兄に「お兄ちゃんはもう精通来た？」と聞きました。母もその場にいました。あのときの自分を殴ってでも止めたいです。兄は無視して夕飯を食べ終わり、その後母にこっそりと「ああいうことは言わないほうがいいんだよ」と言われました。

たしかそれから数日後のことだったと思うのですが、母が仕事に行っているときに兄とふたりで留守番をしていました。その頃兄は漫画が好きでかなり持っていたので、私はよく兄の部屋で一緒に漫画を読んでおり、その日もそうしていたと記憶しています。

漫画を読みつつもだらだらお喋りをしていると、兄から「○○ちゃん、ちょっと聞いて」と言われ、「この前、お兄ちゃんに精通した?って聞いたと思うけど、ああいうことは言っちゃ駄目だよ」みたいなことを言われました。

兄は続けて自分が精通していない旨も教えてくれ、その後かなり丁寧に何故駄目なのか理解させようとしてくれたのですが、「精通ってなんで男子だけなの?」「女子にはちんちんついてないでしょ?」「精通ってちんちんがするの? 私もちんちん欲しい」みたいな会話をし、その延長で私は精通が自主的にできることに気が付きました。そして兄に見せて見せてとせがみました。

誰かあのときの私を殺して!!!

兄はかなり渋っていたと記憶していますが、最終的に、絶対に私は近づかない、手を触れない、などの条件で見せてくれることになりました。できるか分からないという前置きもありました。

兄はズボンを脱ぎ、手で擦り始めました。最初は全く勃起もしていなかったように思うのですが、30分くらいして黄ばみのある白い液体がとろとろっと出ました。兄が「えっ」と言ったのをよく覚えています。私は「は?」と思いました。兄が私に「終わったよ」と言いました。

以上が兄の精通エピソードです。あれ以来兄妹間で下ネタが出たことは一度もありませんが、私に触ってとも舐めてとも言わなかった兄には本当に感謝していますし、もし兄が少しでも後悔や後ろめたさを抱えているのであれば土下座して謝りたいです。

妹

ep.10

委員長と副委員長

［#人の手で］

小学4年生の頃、飼育委員会に入っており、放課後めんどくさいからサボろうとしたら6年生の委員長と副委員長に見つかり、しばらく走り回って逃げていたが、ふたりに押し倒されるように捕まりました。そのまま抱きつかれて逃げられないようにされ、ふたりの体温と汗に子どもながら興奮して勃起してしまいました。それに気がついたふたりに女子トイレに連れていかれ、個室でいじられたときに初めての射精をしました。この頃に戻りたい…。

あの頃に戻りたい

ep.11

甘い香りの教室

［#興奮して勝手に］

小学校5~6年生くらいの夏前に学校の教室で精通しました。友達も性の目覚めが始まる頃でしたので、オナニーの仕方などはなんとなく知っていましたが実践したことはまだなく…。当時、水泳の授業で水着に着替えるときは男女で教室を別に分けており、私のいたクラスは女子の着替え部屋になっていました。その日、私は忘れ物をして学校に遅れて登校したため、皆が着替え終わった後の教室に入りました。

女の子特有のどこか甘い香りが漂う教室に入ったとき、突然、私の中の悪魔がザワつき、気が付けば友達の女の子の席に手を伸ばし下着を手に取る自分がいました。誰か来るかもという緊張感と焦り、そして止められない自分の中の興奮…。

瞬間、股間がビクつき、ドロリとしたモノが私の股間を濡らしました。たとえようのない脱力感と快感が私を襲い、その日の水泳の授業は腹痛で休むことにしました。女の子の下着は元通りしまっておきましたが、その匂いや手触りを思い出しながら自宅で追いオナニーしました…。

塩素の匂いだいすきマン

EP.72

サークルの先輩

［#フェラ］

あまり信じてもらえないが、大学1年まで射精した記憶がない。そもそも性的なことにそこまで関心がなかった。記憶にないか気付かないだけで、知らぬ間に夢精などで精通していたのかもしれないが、覚えてないものは覚えてないので除外する。

本題に入る。大学1年の頃、サークルの先輩が家に泊まりに来た。なんかいい雰囲気になり行為に及んだ。セックスはおろか、オナニーもしたことがないことを伝えると、爆笑しながら咥えてきたことを覚えている。

そして、めちゃくちゃ歯の当たる、今思えば相当ド下手なフェラで、自分は人生初めての射精を迎えた。恐らくあのときが人生で最も濃く、最も多い射精であったと思う。「これが射精か?!」とか考えながらその日はあと2回射精した。

余談だが、その先輩はいわゆるオタサーの姫的な人で、後から聞いた話によると自分の代の男は全員穴兄弟だったそうだ。死にたい。

サムライショーダウン

ep.73

掃除当番

［#自慰］

小学5年の頃、教室の掃除は生徒が4～5人ずつ「今週の掃除当番」となり、交代でやる方式だった。掃除当番となった生徒の中で、ホウキ係、雑巾係、あと黒板清掃か何かで役割分担して掃除をしていた。雑巾係は雑巾も汚いし、床の埃をダイレクトにくらうので不人気だったが、ある日じゃんけんで負けて、クラスの割と地味目の女子とともに雑巾係になった。

教室の半分からこっちは俺、もう半分をその女子で分担し、床に屈んで掃除を始めた。途中、ふと目の前に圧迫感があり、顔を上げた。眼前30センチにその女子の尻があった。全員体操着で掃除をしており、割と丈が短めのショートパンツに覆われた尻が、圧倒的な近距離で、そこにあった。「女の尻」という概念が目の前にあることを認識すると、体操着のポケットが尻に沿って緩やかなカーブを描いていることすらなんとなくエロかった。

当時エロに興味はあったが、大人の男女がするもので、自分には縁遠いことだとぼんやりと思っていた。友人が持ってたエロ本とかもみんな大人の女しか載ってないし、同級生に云々なんて考えたこともなく、「同級生も女である」「目の前に女の尻がある」のふたつの条件が俺の中でぐるぐる回り、同時に股間が熱くなる感覚があった。

帰宅しても女子の尻が脳裏に焼き付いて離れなかった。そのもやもやをどうにか発散しようと、わざと体操着を洗濯に出さず、部屋に持ち込んで自分の体操着を女子の体操着だと思い込み、枕の上に置いて撫で回す（尻を撫でてるつもりだった）という行為に及んだ。自分の汗のにおいを女子の匂いと思い込み、めちゃくちゃに嗅いだ。同時に布団に股間を押し付けていたところ、股間が脈打つ感覚があり、パンツの中に射精した。

圧倒的快感のあと、パンツの中がひたすらに気持ち悪かった。そのあとパジャマとパンツをどうしたらいいか分からなくなり、テンパって机と壁の間の隙間にねじ込んで別のパジャマを着て寝た。多分母が発見して片付けてくれたのだと思う。申し訳ない。

ナゲットの無料券

連載作家

［#自慰］

中学生の頃、私は趣味で小説やマンガを描いていたことから、よくクラスメイトのリクエストを受けてイラストやお話を書いていました。ある日、友人のSから「○○ちゃん（クラスメイト）のエロい話とか書けない？」と言われ、クラスメイトを題材としたエロ小説を書き始めました。読者も増えていき、プチ連載状態。記憶が曖昧ですが、数人の人気がある女子ごとにパート10以上は執筆していたと思います。そのうちに、クラスメイトからも「先生」と呼ばれ始め、次回作を望む声も多くなってきました。なお、執筆作業中は当然勃起していたものの、偏ったエロ知識のため、自慰についての知識が少なく、行為に至ることはありませんでした。

常にエロネタを考えながら生活していたある日、親戚数家族で温泉旅行に行くことになりました。夜、子供たちは大部屋で寝ることになり、いとこの女子5人、私を含めた男子2人で布団に入りました。いとこの新鮮な浴衣姿に悶々としていた私は、みんなが寝静まるのを待つと、布団の中で体を１８０度回転し、隣のいとこの布団をそっとめくりました。めくれた浴衣と生足と控えめなドットのパンツにちんちんが痛いほど固くなり、抑えるようにちんちんを握りながら見続けました。

つった足を揉むように固くなったちんちんをもにもにしていると、突然体がビクビクし、手にドロっとした感触がありました。「ヤバイ！」と思い、部屋のトイレに駆け込み、トイレットペー

EP.74

パーで拭き取りながら、「ああ、これが精液か」と、達観したように思ったことを覚えています。それからは右手で小説を書きながら、左手でもにもにとちんちんをいじるようになりました。その後、エロ小説はクラスの女子に見つかり、ホームルームで問題視されましたが、男子全員の黙秘で作者不明のまま、闇へ葬り去られました。

TOKIO

だいすき

［#自慰］

精通をしたのは小学4年生で、そのときはまだ自分が同性愛者だとは知りませんでした。しかしクラス替えで前の席になった男の子に一目惚れ。実は2年生のときも同じクラスだったようなのですが、それはノーカンで（笑）。クラスでほとんど喋らなかった彼に恋をしました。彼のことを思い出すと股間が重くなっていくのを感じ、家で薄い快感とともに股間をいじっていたら、これまた薄い半透明の液体が。これが僕の初めての射精でした。

彼が喋ってくれるようになって、喋らなかったのは歯並びを気にしていたから、ということまで教えてくれるまで仲良くなった19歳の今でも、彼が大好きです。

砂糖

EP.75

EP.76

ボーイズトーク

［＃人の手で］

小6の塾の夏合宿のバスの中、隣で寝ていた親友のかずひろの股間がモッコリしているのに気付いた。当時俺たちは、チンコが勃つのは知っていたが、射精はしたことがなかった。他の友達と話して10分くらい経った頃にもう一度かずひろの股間を見たらまだ勃っていた。

なんとなく面白いなと思ってしばらく見ていると足がガクガクとなって黒いスウェットみたいなズボンがジワっと濡れてきた。次の瞬間、白いのがドバッと出てきた。その瞬間かずひろがバッと起き、ハンカチで股間を拭いていた。

その晩、部屋でエロい話になり、健くんが「精子出たことある？」と言うと、涼平くんが「ある」と答えたが、俺を含めた他の子たちは経験がなかった。「精子って何？」と聞くと「チンコ揉んでたら白いのが出るよ」と健くんが答えた。間髪入れずにかずひろが「チンコ揉まないと出ないの」と聞いていた。「夢精っていうのがある」と言われたときのかずひろの安堵の表情が今でも忘れられない。

するとゆうじが「俺寝てるとき白いの出たことある」と言った。俺と拓也が経験ないと言うと健くんと涼平くんが「みんなにオナニー教えてあげる」と言い、チンコを揉んで白いのが出るところを見せてくれた。俺たちは見よう見まねでチンコを揉むがあまり気持ち良くなかったので、健くんと涼平くんに揉んでもらった。俺がオシッコ行きたくなった瞬間、拓也が「オシッコしたい！　オシッコしたい！」と言って射精した。その直後に俺も「ひゃっ」と言って射精した。はじめてだったので変な声が出た。その後ゆうじが「出るっ」と言って射精した。最後にかずひろが「あっ、あっ」と言って射精した。

翔太

ごっこ

［＃自慰］

セックスとかオナニーを詳しくはわかってないけど、なんとなくぼんやりは知っていて、ウンコとかチンコと同レベルの下ネタと認識してた時期ってあったと思います。少なくとも自分の少年期にはありました。

小学生のとき、学校の近くにプレハブがあって、誰の所有物なのか廃墟なのかは覚えてませんが、友達何人かと秘密基地的溜まり場にしてました。そこに拾ってきたエロ本やエロ漫画を持ち込み、ニヤニヤ見ては騒いでましたが、別に本気でおかずにはしていなかったと思います。

そんなとき、当然のごとく「オナニーごっこをしようぜ」という流れになりました。みんなで順々にちんこをこすり、ゲラゲラ笑っていたその遊びは、僕の番まで回ってきました。

当然ノリノリでパンツを下ろし、ちんこをこすり出す僕。周りは1分足らずでやめていたんですが、なぜか僕だけ延長を求められ2〜3分くらい経ったでしょうか。ぴゅっと液体が飛び出し、あれがおそらく精通でした。

みんなには「漏らした！　漏らした！」と騒がれ、小学生特有のバカさで多分誰も僕が精通したことは知らなかったと思います。というかそうであってほしい。あの頃、子どもすぎて今ならありえないアホなことができていたなあと懐かしく思います。

YouTuber

EP. 77

年賀状

［#自慰］

小学6年の正月明けの日曜日のこと。中高一貫校の受験を控え、勉強のストレスでかなりきていた僕は、息抜きにリビングで寝転がっていると1枚の年賀状が目に入った。それは同じ小学校に通っており、かつ同じマンションに住む、かなり可愛いクラスメイトの女子からのものだった。

その年賀状は家族写真付きだった。ところがその写真、父親が写っておらず母と娘だけのツーショットなのだ。もちろんその子の母親も可愛い娘を産むくらいなのだからかなり美人である。

その年賀状をしばらく眺めていると下半身が熱くなっていくのを感じた僕は服を脱ぎ、あそこをいじりだした。たぶんこの頃はオナニーについての知識はなかったと思う。身体がどんな風にすれば良いのかわかっていたと言うべきか、ともかく僕は写真を見ながらあそこをいじり続けた。しばらくすると体の奥から熱いものが込み上げてきた。「あっ」と思う間もなくそのまま初めての射精…。こんな結果になるとは思っていなかったため、床を汚してしまいかなり焦ったが、それよりもなんともいえない感覚に支配されてしばらく動けなかった。

それからしばらくはマンションのエレベーターでその女の子の母親に会うたびに背徳感のようなものが湧き上がってきたのを覚えてる。もちろんその女の子本人を見るときも似たような感情を抱いた。ちなみにその年賀状が今でも手元に残っているのは秘密だ。

はんはん

Ep.78

ドアの前の犬

［#動物］

細かくは覚えてないんだけど、たしか小3か小4の夏休み。クーラーをつけない家庭だったこと、行けば誰かしらに会えるからという理由で、毎日学校のプールに通っていた。だけどその日はなぜか閉まっていて、仕方なく帰ることにしたんだ。

校門を出てすぐ、プールバッグを持ったクラスの女子A子に会った。A子は、顔はぶっちゃけ可愛くはないが面白い奴で、何かしたときに芸人みたいな反応をする奴だった。プールが閉まってることを話すと何故かキレられて、そのままA子んちで遊ぶことになった。A子はひとりっ子だからかゲームやオモチャをたくさん持っていて、俺にとっては最高の友達だった。今思えば中型だったかもしれないが、当時の俺たちからしたらかなり大きく見える年寄り犬を飼っていた。

そのままゲームをしたりしてから、お菓子を食べてたときに見てしまったんだ。スカートから覗くスク水を。小学生にとっては定番の早着替え技だし、授業のたびに見てるし、なんならスカートめくって見てるのに、何故かちんこに衝撃が走ったんだ。そして襲ってくる尿意に似た感覚。大急ぎでトイレに向かったら、なんとドアの前で犬が寝ていた。キリッとしててちょっと怖い印象があったため、犬を呼ぶことも撫でることもできなくてうろたえる俺。迫り来る尿意。思い切りちんこを握ってなんとか堪えようとして、パンツを穿いていないことに気付く。漏らしたらやばい。でも犬がどかない。

EP.77

そこで思い付いたのが、「犬が漏らしたことにする」ことだった。あのときはこうするしかなかったが、思い返しても最低だと思う。誰もいないことを確認して、犬の腹めがけてした…つもりだったが、出てきたのは白い液体。尿じゃないことにもびっくりしたが、犬がジロリとこちらを見てきたのに驚いてすぐにちんこをしまい、体調が悪いと言い残してそそくさとA子宅を去った。

ごめんな母ちゃん

プラトニック・ラブ

［#自慰］

ちょうど1年前、僕はまだ精通していなかった。僕は高1のときに初めて彼女ができた。最初の頃はマックなどで話すだけだったが、数ヶ月後には家に来てもらったり行ったりしていた。いつも通り僕の部屋のベッドでゴロゴロしていたら、イチャイチャが始まりディープキスをした。しかしそれ以上に進展は無く、次の日は彼女の家に行った。親はおらず、彼女が「胸を大きくしたいからさー揉んでくれない？」と言ってきた。僕の息子はギンギンになった。胸を揉んでいる間に我慢できず、彼女の胸にキスをして舐め回した。その勢いで手マンまでした。しかし彼女が僕のパンツに手を入れて息子を触っていじってきたとき、僕はパンツを脱がなかった。彼女が息子をいじるのをやめてしまう頃には母親が帰って来てしまう時間になっていた。その日から家に行ったり来たりするときは、僕は彼女の胸を揉んだり手マンをしたりしたが、セックスには踏み出せなかった。理由は、彼女が処女膜の話をしたときに「高2になるまではセックスは嫌だ」と言っていたからだ。

そして時は過ぎて、一年記念日の1ヶ月前の3月のはじめ、僕は彼女と別れてしまった。僕はその日の夜、泣きながら初めてオナニーをした。精通は彼女とするときのためにとっておきたかったというわけのわからない考えがあってのことだった。このときほど、好きなものを後に取っておいてしまう自分への怒りを感じたことはない。彼女と別れて悲しかったのが涙に表れていた。

EP.20

あと1ヶ月で童貞卒業ができたという悲しみも、オナニーという行為に表れていたのかもしれない。彼女との思い出と悲しみと気持ち良さという情報量の多さで僕の頭がパンクしたそのとき、僕の息子からは滴る涙のような精子がボトボトと勢いなく垂れていた。僕はオナニーのやり方も知っていたが、こうして僕は童貞卒業のチャンスを逃してしまった。

それからはエロ動画を見て抜くようになったのだが、最近のマイブームは、調べまくって出てきたこじるりにめちゃくちゃ似てるかわいい子のやつと明日花キララのローションでマッサージしてるやつだ。そして今日も僕はオナニーをする。

童貞卒業をし損ねた男

EP.27

思い出すそうです

【#自慰】

僕の精通は小学3年生の夏休みでした。僕の家族は、隣の家と家族ぐるみで仲良くしており、その家には僕より8歳年上の女の子がいました。僕も彼女もひとりっ子だったからか、よく一緒に遊んでもらっており、僕は彼女が大好きでした。

そんなある日、彼女と宿題をし、疲れてふたりでお昼寝をしているときでした。僕はふっと目が覚めると、おちんちんが硬くなり、上を向いていることに気が付きました。僕は勃起という現象に対する知識がなかったため、いつもと様子の違うおちんちんにかなりパニックを起こしました。無理やりおちんちんを元に戻そうとぐいぐいと押していると、今まで感じたことのない気持ちよさを感じました。

おちんちんをこんなに触るなんて行儀が悪い、でも気持ちよくてやめられない、という矛盾した気持ちを抱え、隣に寝ている彼女にこんな姿を見られたくなくて、声を殺して泣きながらおちんちんを触っていました。すると、頭が真っ白になる感覚と身体中に走る気持ちよさを感じ、僕は精通を迎えました。

最初は「おしっこちびった！」と思いましたが、パンツの中を見たら見たことのない白っぽい液体が付いておりさらにパニックとなってしまいました。僕が悪いことをしたから、病気になっちゃったんだ……と寝ている彼女のことも忘れて号泣しました。

するとさすがに彼女が起きて、号泣している僕を見てギョッとしていました。彼女に理由を聞かれ、パニック真っ最中な僕は恥ずかしさも忘れ、目が覚めたらおちんちんが変だったこと、元に戻そうとしたけど戻らなかったこと、おちんちんを触ったら気持ちよくてやめられなかったこと、白い液体がおちんちんから出てきたことを洗いざらい話しました。

彼女は僕の話を全部聞いたあと、「あおは少しだけ大人になったんだよ」と、勃起のことや射精のことも全て丁寧に教えてくれました。その後、病気じゃないことに安心したと同時にとてつもなく恥ずかしい告白をしたことに気がつき、半泣きで「誰にも言わないで！」と彼女にお願いし、彼女は笑いながら「誰にも言わないよ」と約束してくれました。強烈な記憶すぎて今でも鮮明に思い出し、新鮮に恥ずかしさを感じることができます……。
ちなみに彼女は今では僕の奥さんとなりましたが、恥ずかしい話、僕の勃起したおちんちんを見ると、そのときのことを思い出すそうです。

あお

ep.22

体育会系

［#自慰］

今だったら大問題になるだろうけど、中1のとき（今から25年くらい前）、部活の入部初日に恒例行事として新入部員は全裸自己紹介をさせられていた。部室で素っ裸にされ、バリカンで丸刈りにされてグラウンドに連れていかれ、大声で自己紹介をさせられる。そのあと全員公開射精をさせられた。恥ずかしくてほとんど何も覚えていないけどオレの精通はそのときだった。

無記名

ep.23

妖しく微笑んだ彼女

［#自慰］

私の精通は小4のときでした。私が通っていた小学校は、各学年1クラス10人程度しかいない田舎の小さい学校のくせに、設立して間もないこともあり大変綺麗でした。校庭に面した校舎の1階にベンチや椅子やテーブルなどが常設してあり、放課後や長期休みのときは学年関係なくみんなそこでゲームしたりおしゃべりしたりカードゲームでデュエルしたり、校庭で遊んだあとだべったりしていました。

夏休みのある日、いつも通りテーブルがあるところに座ってゲームボーイアドバンスで遊んでいたところ、同じくいつも校庭に遊びに来ていて私ともよく話す小6の女子が「何のソフトやってんの〜？」といった感じで画面を覗き込んできました。その女子は6年生の女子の中でもいちばん背が高くて発育がよい女子でした。平たく言うとおっぱいが大きかったのです。

彼女が画面を覗き込んできたときに、テーブルの上のわたしの腕におっぱいを乗せてきたんです。不自然なぬくもりと重みを感じた私はぎょっとして自分の左腕を見ました。そして黒いTシャツをまとったふたつのふくらみが自分の腕に乗っかっているのをしかと見ました。

ハッとしてその女子のほうを見ると、こちらを見て妖しく微笑んでいるのです。10年以上経った今でもしっかりと覚えています。結局払いのけることもできず（払いのける＝おっぱいを意識していると思われたくなかった）、ぶっきらぼうにそのときやっていたソフトの名前を告げると、「へ〜〜面白いの？」とまたおっぱいを押し付けてきます。思い出して書いてる今も興奮してきましたが、当時の私もテーブルの下でギンギンに勃起していました。でも結局その後は何もなく、それだけで終わりました。

家に帰って、汗をかいていたこともあり、すぐ風呂に入りました。体を洗いながら、昼間の押し付けられたおっぱいのこと、そして妖しく微笑んだ彼女のことを考えると再び勃起してきてしまい、クラスメイトから聞いた「オナニー」なるものの存在と手順を思い出し、力任せにちんちんをがしがしこすりました。何が何だかわからない強すぎる快感の中で「何かくる！」と思ったのもつかの間、あっという間に射精してしまい、何が起こったのかしばらく理解に時間がかかりました。呆けた頭のままシャワーで体を洗い流したのを覚えています。
それからしばらくそのおっぱいの記憶がズリネタになり、やがて彼女と同じ中学校に上がって同じ委員会に入り、クラスメイトから「〇〇先輩（彼女のことです）ってEカップらしいぜ」と聞き、秘かに心躍らせたりもしましたが、特に何も起こらないまま彼女は卒業していきました。

魚介類

好き好きお姉ちゃん

［＃遺精］

私には4歳年上の姉がいます。いわゆる弟大好き姉で、昔から突然ハグしてきたりチューしたりしてきてました。私も小学校低学年まではお姉ちゃんしゅき～みたいな感じでしたが、さすがに3年生にもなると恥ずかしくてしょうがなくて…。
で、そんな姉は小5で思春期真っ只中の私に同じ対応をしてきまして、ある日姉にハグされたときにチンチンが大きくなってることに気付きました。当時は性知識が薄く「まあええか」と特に何もせずほっといてましたが、次にハグされたとき、突然おしっこがしたくなって「トイレ行く!!」って言ったのに押さえつけられて、そのまま姉の腕の中で精通しました…。快感の波に打たれて微妙に痙攣してたので案の定バレてましたね。

EP.24

それからハグとかはされなくなったけど、かわりにときどき、親がいないときとかに「抜いてあげようか？」みたいに半笑いでからかわれて死ぬほど恥ずかしかったっす…。

エブリィ

Ep.25

It's small world

［#夢精］

それは忘れもしない1997年春。父親の転勤で海外に引っ越したものの、英語ができなくて学校に行くのが辛かった日々のとある朝。学校に行きたくないので親に起こされるまでベッドから出たくなかった自分が、その日ばかりは自主的にベッドから出てトイレに直行した。

パンツの中がヌルヌルしていて気持ち悪い。おそるおそる白ブリーフを下げると、虹色に濁っていた。何が何なのか理解できないものの、親には絶対に言えないと思った。つまり、パジャマなどの洗濯物に忍び込ませることはできない。このパンツをどこかに捨てて別のパンツを穿いたとしてもバレるかもしれない。夢精して穿き心地が最悪になったパンツとともに通学した。

授業中は別にいい。英語が理解できなくても、誰とも言葉を交わす必要がないから。問題は休み時間だ。先生が気を使ってボッチなおれを誰かの輪に入れようとしてくれるのだ。いつもは何を話せばいいかわからず「早く休み時間よ終われ」と思うのに、その日はパンツの中が気になり、休み時間をどう過ごしたかすら覚えていない。

そして1年後の夏休み、念願の日本への一時帰国で旧友と再会した。中学生になった彼らからの質問は同世代の外国人のオナニーについて。しかし、おれはオナニーを知らなかったので、逆にその作法を教えてもらった。どうやらめちゃくちゃ気持ちいいらしく、帰宅して風呂場へ直行。『ホットドッグ・プレス』の眞鍋かをりのグラビアで気分を高潮させながらチンコを上下にしごくと何かが込み上げて来た。ウッ。射精の瞬間は目をつぶっていたので、白い液体が出たのか確認しようと目を開く。すると床には赤く濁った液体が。

「処女膜を破ったのか？」

当時のおれは『ホットドッグ・プレス』で「処女膜」という言葉は知っていたものの、処女膜が女性のものだと知らなかったのだ。記事に書いてあった通り「初めてだから血がついてた」と解釈し、その場で2回戦に臨んだら今度は小池栄子のグラビアでものの数分も経たず無事に真っ白な精子が噴き出した。

「これでおれもみんなの仲間入りだ」

勝利を確信した。しかし、1年前のパンツ事件と同じように、今回の血のことも自分の胸に秘めておこうと思った。

そして夏休みが終わり、外国に戻って迎えた新学期。苦痛でしかなかった海外での学校生活をどうにかすべく、勇気を出して輪に飛び込んだ。つたなかった英語が新しい友人たちと会話を重ねるうちに上達していくのを実感した。

両親も毎朝おれが学校に行くときの表情が変わったと教えてくれた。そう、それは前日もしくは当日朝のオカズについて語り合える友達ができたからだ。国籍なんて関係ない、みんなオナニーが好きだということを知ると海外生活が楽しくなった。

おかげで英語はバイリンガル級に上達し、日本に本帰国してからも英語の勉強を続けてきた。

その甲斐あってかサラリーマンとなった今は海外担当として働いていることを妻も両親も誇りに思ってくれている。ただ、その原点は苦痛だった学校生活をさらに混乱に陥れた夢精と、そんな日々を解決してくれたオナニーと旧友たちであることは決して忘れていない。

最近ちんこかゆい

EP.26 従姉妹の太もも

［#興奮して勝手に］

早熟なもので小学4年生の頃にはネットづてで私はオナニーを体得していました。しかし精通が全然来ず、周りはどんどん成熟していく中で漠然とした孤独を感じていました。それが覆った中学2年の夏。忘れられないあの日、あの太もも。

今もなんですが、私は無類の太もも大好き人間です。小学生の頃は成熟していく周りの女子のホットパンツから伸びる太ももに、本当に何度もお世話になりました。

私には2歳離れた従姉妹がおりまして、当時はうちに入り浸るくらいの勢いで遊びに来ておりました。当時私にいちばん近かった女性でした。そんな従姉妹も小6で、ご立派に太ももを放り出して我が家に遊びに来ていました。

そんなある夏の日、魔が差したとでも言いましょうか。私は彼女に「太もも触らせて」と頼んだのです。興味半分性欲半分、いや大半が性欲だったでしょう。しかし従姉妹は「別にいいよ」とWiiリモコン片手に快諾。私はパンツの中でギンギンになってしまった性欲のかたまりを抑えつつ、ソファに座る従姉妹の前にしゃがむ形で座りました。毛もなく、すらっと長く伸びる輝くような太もも。私は手をかけ、ほのかに香る汗の匂いを嗅いだり、手で愛撫するように擦ったりしました。

　そのとき、ゆったりと尿意が押し寄せてきました。それはだんだんと強くなってきました。しかし私はまだこの太ももを離したくないと、おしっこを我慢する要領でお尻の穴に力を入れました。その瞬間、ビュッと何かが弾けるような、唐突な快感が下半身を包み込みます。腰がビクンとはね、私は顔を従姉妹の太ももに押し付けました。

　そのときはまさかと考えておりました。その後「大丈夫？」という従姉妹の言葉で我に返り、トイレに。ほとんどパンツに染み込んでしまっていましたが、少しだけ皮の中に白く濁った汁が。その日、私は少し大人になりました。

　その後もときどき従姉妹にせがんで同じことをさせてもらい、おかずの足しにしたりしておりました。あまり大きな声では言えませんが、その後少しの間だけ従姉妹とは互いの身体を貪る関係になってしまいました。理由は互いの性の勉強のためとでも。

実験用モルモット

プロフィール帳

［#自慰］

EP.27

こんにちは。私は女ですが、昔両想いだった人の精通エピソードをうっかり聞く羽目になったため投稿させていただきます。長い手記になりますが、よろしくお願いします。

小学校高学年の頃です。その人と私は同じ塾に通っていて、同じクラスに在籍していました。校舎の中でも不真面目で通っていた私と生真面目な彼。私は彼の堅く几帳面なところに惹かれ、唐突に告白をしました。返事はＯＫでした。

しばらくは仲良くしていたのですが、ある日彼の態度が急変します。授業中しょっちゅう合っていた目線が合わなくなり、休み時間にも避けられ始めたのです。本当に、唐突に。彼のことは好きだったのでそれなりに傷つき、私が何かしたのだろうかと思い悩みました。が、結局そのまま自然消滅。塾を卒業し、連絡も取らない日々が続きました。

それから月日が過ぎ、高校を卒業したタイミングで友人から届いたLINE。

「塾の同窓会をやろう！」

いいね！　行くよ！と返事をしてつかの間、ふと、彼のことを思い出したのです。当時の友人たちに会えたら……あわよくば、彼に会えたら。中学高校の間に他の人とも付き合ってきたとはいえ、明確な言葉で振られていないことが私の中でわだかまりになっていました。彼に会えたら、あのときのことを聞いてみよう。自然と、そう思いました。

当日、彼は来ていました。派手にはっちゃけた格好の男たちの中で、妙に垢抜けない彼。背はずいぶん伸びて見上げるほどでしたが、この微妙な野暮ったさがいいよね、なんて思いながら。

宴もたけなわ、彼が男子グループから離れたところを見計らい、

「久しぶり。覚えてる？」

声をかけると、

「あ、ああ〜………うん」

来たか、と言わんばかりのためらいを見せます。それでも「◯◯だよな」と私の名字を口にしました。こ〜〜れはもろもろ全て覚えている態度です。忘れたとは言わせません。あのときなんで急に冷たくなったの？と聞くと、案の定渋ります。粘るとようやっと口を割りました。

「いやその……俺お前でその……精通しちゃって……」

口ごもったあたりで「待って詳しく」と圧をかけたところ、「だから言いたくなかったんだよ！」とわめきつつ吹っ切れたのか結構詳細に話してくれました。堰を切ったようでした。

曰く、きっかけは私が渡したあるものだそう。それは「プロフィール帳」です。当時の女児のマストアイテムで（今はもうないのかな）、プロフィールや好きなものを書くファンシー履歴書のようなものを友人間で交換しあって遊ぶものでした。例外なく私もプロフ帳を持っていて、好きだった彼にも一枚「書いて！」と渡していたのです。

「それで俺、もらったじゃん。お前に」

「うん」

「社会のテキストの上で母さんにバレないように書いてたんだけど、これ全部シャーペンで書いていいのかなって思って。ちゃんと清書したほうがいいんじゃないかと思って、ボールペン探したんだよ。そしたらお前に『字きれいだよね』って言われたの思い出して、そうかなって思うちに なんか変な感覚してきて。変な感覚してきたらまあ、触るじゃん。で、まあ……うん。あとは察して」

なんだよそれ。本当なにそれ。

「……そうなんだ」

「で、その後、お前といると……まあ、処理したこととか姉さんに見つかったこととか賢者タイムとか、思い出す、ように、なっちゃって。いろいろきつくなった。ごめん」

「いや謝らんでいいよ、それは仕方ないわ。私は棒ついてないからわかんないけど」

「そう………か？」

「うん。光栄だと思う。ちなみにそのプロフ帳で引き続き抜いたりした？」

「しばらくはお世話になりましたね」

「ますます光栄だわ」

それからというもの、彼は漫画や絵より文章で描写されたもののほうが抜けるという性分になったようです。「文章を書き写してるときに興奮する。書き写しているという事実に」とも言っていました。エロい表現のある本を借りては書き写して欲を滾らせる図書委員だったとか。なんだよそれ。ちなみに過去最も興奮した一文を聞いたところ「一文ではないけど、電子辞書で初めて有島武郎読んだときストライクすぎて驚いた」とのことです。あの文体はエロい、わかる。

家に戻りかつてのプロフ帳をめくると、たしかに彼の書いたものはありません。本来の用途と違ったとはいえ、きっと立派に役目を果たしたのでしょう。

彼とは改めて連絡先を交換し、今では友人です。再会がこんな感じだったためか、容赦なく下ネタ話のできる男友達と相成りました。いやあ、図らずも人の嗜好に関与していたことにゾクゾクしてしまいます。こんなこともあるんですね。

ちなみに私はショタコン

傘を差し出す少女

［＃人の手で］

小学生の頃です。下校中、僕は雨の中でどうしてもしょんべんがしたくなり、傘を差したまま立ちションをしていました。突風で傘が飛ばされ、僕は「うわあ！　うわあ！」とひとり叫んでびしょびしょになりながら立ちションを続けました。

ふと気付くと、濡れなくなりました。いつのまにか、制服姿の女の人が（多分近くの中学校の下校中だったのだと思います。結構綺麗な人でした）後ろから傘を差してくれていたのです。僕は恥ずかしくて心の声で「うわあ！　うわあ！」となりながら立ちションを続けました。

すると、突然ちんちんを握られました。びっくりしました。シコシコされました。びっくりして精子が出ました。精通でした。

ただただ知らない女の人に立ちションを見られた恥ずかしさと知らない女の人にちんちんを握られた怖さで泣いてしまい、そのままその女の人になぐさめられながら帰宅しました。

本当なんです妄想じゃないんです信じてください

Ep.28

ガムテープ

［＃興奮して勝手に］

精通は小5のとき。ほんとにバカなことしてたなと思うエピソードですが。仲良い友達4人で友達の家に泊まりに行ってたときに、あるひとりの友達を脱がせたことをきっかけに裸を見せ合おうという流れに。しかしみんな「ちんちんを見られるのは恥ずかしい」と意見が一致したので、何故かガムテープを股間に貼って隠して見せ合うことに（全員発毛前だったのでガムテープを貼ることへの抵抗はなかった）。

パンツを脱ぐ前にガムテープを股間に貼り、完全ガードできた人から全裸になり、みんなで観察（この時点で全員勃起してた気がします）。自分も勃起したちんちんを押さえ込むようにガムテープを貼り、全裸になったところで友達に観察され、興奮はピークに。

するとふわーっとした感覚が訪れ、股間の奥から今までに感じたことのない電撃が走り、ガムテープの中でちんちんがびくびくと痙攣しているのを感じた。

観察会後、ガムテープを剥がしてみるとおしっこではない透明な液体がぐっしゃり…。友達のひとりが精液であることを知っていたので説明してくれたが、残りのふたりは初見だったようで、精液も観察された。

「これが射精、精液か！」と知れた反面、初めて訪れた感覚に恐怖心と友達に見られたことによる羞恥心で初射精の余韻に浸る暇もなく…。結局全員ガムテープを剥がすときにちんちんも晒し

EP.27

たのだが、私だけ精通も晒す羽目になった。

EP.30

友達のお父さん

［#夢精］

かめたろう

友達の家に泊まりに行ったときにやっちゃいました。友達のお父さんが超が付くくらいのイケメンで、会うといつもドキドキしてヤバかったです。俺がバイになったのは間違いなく、友達のお父さんのせいだと思ってます。

ゲームとかしていたら夜になり、友達と友達のお父さんと3人でお風呂に入りました。友達のお父さんのチンコがメチャクチャデカくて剥けてたので興味津々で見ていたら、ちゃんとチンコの皮を剥いて洗う様に言われた。このとき始めてチンコの皮を剥いた。

その夜、友達の部屋で寝ようとしたがなかなか寝られなかった。友達はすぐに爆睡してました。仕方なくトイレに行ったら友達のお父さんに見つかった。寝られないことを伝えると一緒に寝ることになった。俺は物心ついたときからお父さんがいなかったので、本当のお父さんみたいで嬉しかった。お父さんに抱きついていつのまにか寝てしまっていた。

すると突然、チンコが気持ちよくなって「オシッコが出た」と思った瞬間起きた。友達のお父さんを起こしてしまったみたいで謝ったら、「気にしなくて良いよ」と言って優しく後片付けをしてくれた。すごく恥ずかしい思い出です。

こうへい

計測基準

［＃計測］

中1の体育の日、部活帰りに親友のヨシユキとリョウタとチンコの長さを測ってみようということになりました。

しかし、勃起させて計測するときに、先に余っている皮の長さも入れるかどうかで揉めました。というのは、リョウタは勃起すると少しだけ亀頭が見えてたのですが、自分とヨシユキは1～2センチくらい皮が余っていて、皮も入れるのは不公平だとリョウタが言い出したのです。しかし自分はその当時は勃起すると痛くて剥けなくて、ヨシユキは剥いたことがなくて怖い。そこで、皮を剥く修行から始めることになりました。

ヨシユキは苦労なく半分くらい剥けたのですが、自分は皮の先っちょのほうが癒着していてなかなか剥けなくて、試行錯誤しているときに何かがこみ上げてきて精通しました。初めての射精で内心ドキドキしていましたが、友達の手前強がって「やベーやベー、出ちゃったよ。でもいつ

EP.37

もより少し量が少ないかな」って言っていました。

ちなみに計測結果のメモがあるのですが、《リョウタ：長さ9・5／太さ2・8　ヨシユキ：長さ8・0／太さ2・2　自分：長さ9・0／太さ2・7》でした。

細いけど硬い

EP.32

電気あんまマスター

［#電気あんま］

小学校6年生の頃、僕のクラスでは電気あんまが流行っていました。寝転んだ子の両足を持って、股間を足で攻撃するあれです。あっちむいてホイで負けたら10秒電気あんまをかけられるというシンプル極まりないルールでしたが、みんな夢中になって何回戦もやっていました。

他のみんなは、見た目は派手に足を大きく股間に叩きつけるように震わせて、やられる側はゲラゲラ笑うものの、痛みもあるようなやり方をしていました。

僕が電気あんまをするときは、なるべく微振動にしてピンポイントでおちんちんの先っぽを狙ったり、おちんちんの先から根本に向かって足の裏全体をストロークさせたり、足指の先でお尻の穴を攻撃したりしていました。他の子のときはギャーギャー騒ぐのに、僕にやられるときはみんな顔を真っ赤にして体をのけぞらせていました。終わった後しばらく動けない子もいました。耐えられなくて途中で足を振りほどいてきた子には、「またいちからスタートね」と言って勝手に延長したりしていました。僕は電気あんまマスターとしてみんなから恐れられていました。

そんな僕でしたが、実は自分自身は電気あんまをかけられたことがありませんでした。なぜかあっちむいてホイが異様に強く、電気あんまを回避してきました。

ある日、友達の家で4人で遊んでいると、誰かがクジを用意してきました。電気あんまをクジで決めようということになりました。負けはひとりで、他の3人から10秒ずつ計30秒かけられることになりました。

クジ引きの結果、僕が負けました。畳の床に寝そべり、友達の足が僕の股間にセットされました。この時点ですでにくすぐったかったです。そして足が動き出した瞬間、僕は今まで体験したことのなかった感触に、思わず腰を引いて逃れてしまいました。

電気あんまをかけていた子が「何やってんだよ。よし、みんな押さえろ！」と言って、ひとりは僕を背後から羽交い締めにして、ひとりは右足に乗って、彼は左足を持って電気あんましてきました。僕は逃れられない体勢で、おちんちんですべての振動を受け止めました。

強く踏んできたり、足指先で揉んできたり、円を描くようにスリスリしてきたり、おちんちんの先っぽあたりを足の親指と人差し指で挟んで震わせたり、電気あんまのオンパレードでした。電気あんま役が疲れてくると交代して、30秒なんて全く無視して僕に電気あんまをかけ続けました。僕はおちんちんが気持ちよくて気持ちよくてたまりませんでした。どんなにもがいても悶えてもやめてくれませんでした。

だんだん頭の中でヘリコプターのような大音響が鳴ってきて、体が宙に浮く感じがしてきました。僕の体にロケットランチャーが装着された気がしました。そして目の前が真っ白になり、腰の奥からおちんちんの先に向かってトマホークが発射された感じがしました。僕は反動で地面に叩きつけられました。

気がつくと、僕を押さえていた子も電気あんまをかけていた子もみんなはね飛ばされていました。僕は部屋の真ん中で体をくの字にして泣いていました。パンツの中は生まれて初めて僕のおちんちんから出てきた白色混じりの液体でびしょびしょでした。その後、なぜかみんな優しくなり、僕を慰めてくれました。

みんなは僕が電気あんまをかけられたことがないことに気づいていたそうです。見た目が派手な電気あんまをしていたのは、微振動では気持ちよすぎて耐えられないから、罰ゲーム的な楽しさのためにやっていたそうです。それなのに、自分でやられたことがないがゆえに電気あんまがどれだけ攻撃力があるかを知らず、ひとりだけ残酷なまでにおちんちんに快楽を与え続ける悪魔のような僕に、みんなは内心喜びつつイライラしていたそうです。いつか僕に仕返ししてやろうと思っていたそうです。クジも僕が負けるように細工していたそうです。

しかしながら、僕があまりに衝撃的な反応を見せたことで、電気あんまブームは急激に終息していきました。結局僕が電気あんまされたのはこの1回きりでした。でも、僕はこのときの電気あんまの快感が忘れられず、オナニーするときは決まってこの日のことを思い出しながらおちんちんを握って射精していました。

電気あんまマスター

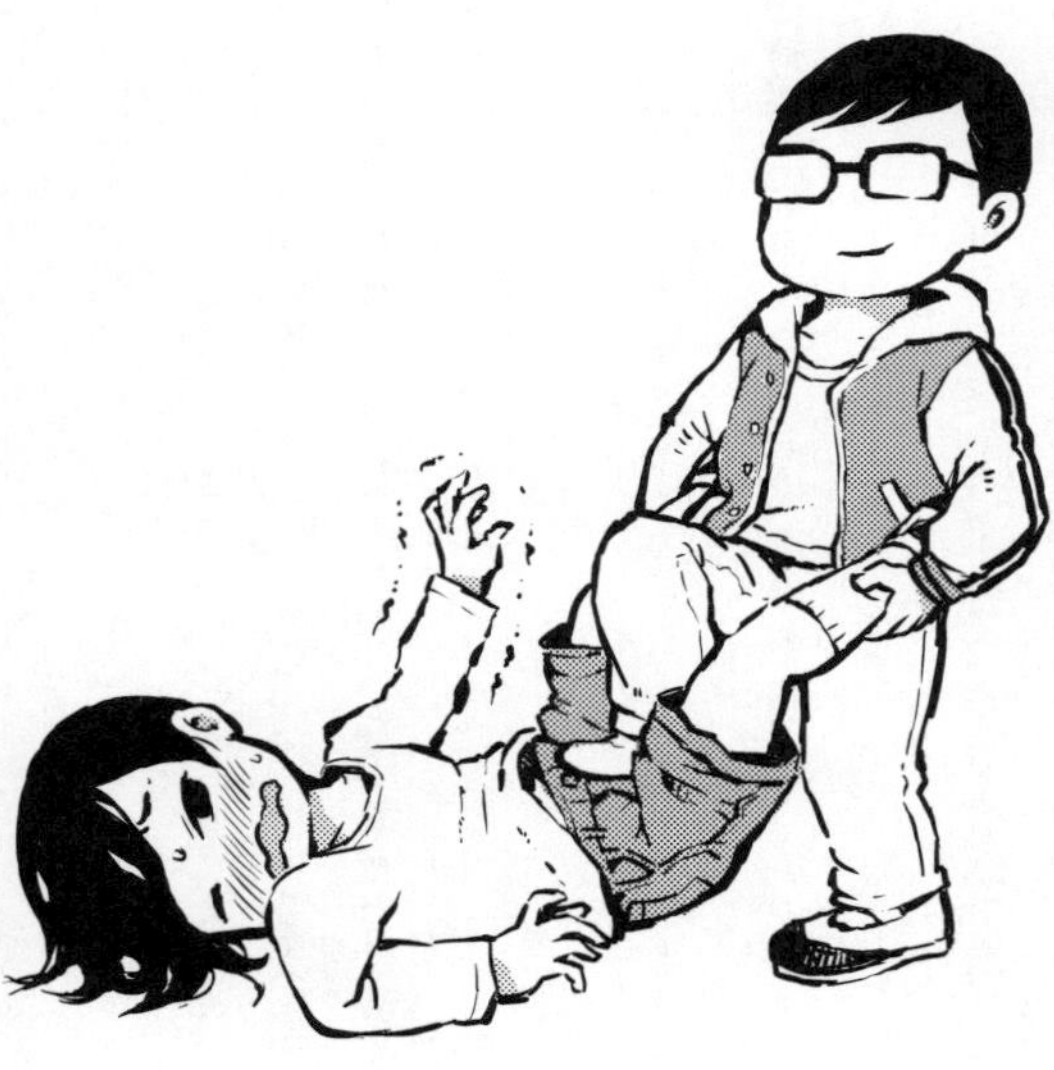

変身

［＃夢精］

小6の頃、クラスにいた超絶可愛い子（ビッチぽかったし、自分は陰キャだったので全然話せなかった）が、夢で虫になる病気にかかってゴキブリ人間になった。全身黒光りしててエロかった。そしてこちらにカサカサと近づいてきて、白い液をかけた！　その瞬間股間に違和感を覚え、目が覚めた。基本的に夢は忘れてしまうタチなのだが、あの夢だけは鮮明な映像と股間から吐き出される熱い感覚とともにハッキリと覚えている。

無記名

EP.33

風呂を覗く

［＃自慰］

小学校中学年の頃からオナニーはめちゃめちゃしてた。図書館で借りるラノベのエッチな描写をオカズにすることが多かった。そのうち、僕はどうしてもやりたいことができた。

同級生の風呂を覗くこと。どんなラノベでも大体1回は起こる温泉や風呂でのラッキースケベ。僕はそれに心から憧れを抱いていた。転んだ拍子に服を脱がすとか、事故的に乳を揉むとかよりはリアリティーがある気がした。

EP.34

小学6年生で長野に修学旅行でスキーをしに行く。そこが狙い目だと考えた僕は早速計画を練り始めた。宿泊する施設が発表されると、即座に温泉の位置を調べた。露天風呂は残念ながら無かったが、風呂から外へ通じるドアがあり、また外から左手にある仕切りを越えると女子風呂へ繋がる道があることがわかった。小型カメラの購入等も考えてはみたのだが、小学生の小遣いでは到底手に入らないような値段だったため、泣く泣く断念した。

さて、ルートは確認した。道具は必要ない。あとは共犯者だ。正直、人数が多いとバレる可能性が高まるのはわかっていたが、見張りや足場の役割が必要であったし、確実に同じクラスの男子にはバレてしまうので、先に計画を話しておかないと女子にチクられる可能性もある。あと、普通に男子でワイワイ女子風呂を覗く展開に憧れていた。結局、クラスの男子全員とは行かないまでも、友達何人かを仲間にすることができた。他の男子も、応援の声が多かったので教師に告げ口されるようなことはないだろう。僕の計画は完璧だった。なんなら失敗しても子供の可愛いイタズラで済まされるだろうと踏んでいた。僕は緊張と興奮で眠れない夜を幾度となく過ごした。

そして当日、修学旅行の日である。スキーはあまり上手くできなかったが楽しかった。

夕飯の前にクラス全員で風呂に入る。時間は限られている。言い出しっぺの僕が先陣を切って外へ出た。季節は1月。1月の長野は雪が半端じゃない。それでも極寒の雪景色の中で僕はフルボッキしていた。それじゃあお前らもついてこい！と振り返ると、ガチャ、という音が聞こえた。

ドアを閉められた。

咄嗟のことで頭が回らない。すぐにドアノブを掴むも、鍵がかけられていた。そこでやっと僕は気が付いた。僕は裏切られたのだと。

悔しかった。思えば、少し僕はから回っていた。僕の熱意に若干引いている男子がいることに気が付いていたが、本番になればテンションも上がるだろうと勝手に思い込んでいた。

こうなったらひとりで女子風呂を見に行ってやろうか。しかし、何人かでトライするならともかく、ひとりでトライするのは危険過ぎる。僕しか外に出ていないことが男子全員が証人となって確固たる事実になっている以上、チクられた場合に他の奴も参加してたからという言い訳は通用しない。僕はどうすることもできないままドアの前で立ち尽くしていた。

そんなことよりもっと重要なことがあった。真冬の長野に全裸の小学生が取り残されているのである。冷静に考えて死ぬ。いつドアが開くかわからない以上、体を温めなければマズイことになる。僕は軽くパニックに陥っていた。

あ、ちょうど良くまだチンコは怒張している。

シコって気を紛らわせよう。激しくオナニーすれば体も温まる。

まさに一石二鳥。僕は見られるはずだった同級生の裸を想像しながらオナニーし始めた。忍び寄る死の匂いと、誰に見られるかもしれない恐怖で、少し僕はおかしくなっていた。アブノーマルな状況がトリガーになったのか、これが僕の精通となった。

マジかぁ〜〜〜〜今か〜〜〜〜〜〜…。正直もっと普通に迎えたかった。全然気持ち良くなかったし。僕の初ザーメンは周囲の雪を少し溶かした後、同色の中に埋もれていった。自分が精通したら小瓶に保管しようと思っていたのですごく残念だった。

結局、次のクラスの男子がドアを開けてくれて事なきを得た。賢者モードでキレる気にもなれなかったし、どうでも良くなっていた。今思えば、覗いていたら100%見つかって人生が終わっていたので、これで良かった気もする。

pk shampooはいいぞ

ep.35 男の娘

［#先輩に無理やり］

人にも言えることではないし、言ったとしても信じてもらえないだろう。絶対に信じると書いてあったのでここで供養したく投稿した。

思い出せないくらい昔から女装趣味があり、しかもそれを恥じるどころか堂々と自撮りをし、友人たちに公開するようなバカだった。別に男が好きなわけでもなく、普通に他の同級生たちとエロ本や動画を見て動きを真似したり、チンコマンコセックスを連呼するよくいるバカガキだった。だが発育が良くなく、背も低く、華奢で色も白かったため、自分で言うのもなんだがそこらの女子より可愛い自信がある。自信があるからダメだった。「実は男が好き」だと思われたのだ。

中学の頃、普段から自分のことを可愛い可愛いと言ってくる部活の先輩がメイド服を買ってきた。自分に着せるために。先述の通り女装はただの趣味なので「おっ、タダで衣装が貰えたぞ」くらいに思っていたので嬉々として着替えた。

今となって考えれば、そういうことがしたかったからわざわざ部活後に居残りをさせて話しかけてきたんだろうな、と思う。膝に座ってくれと言われたので座ると、抱きしめられ、頭やら腹やらをひたすら撫でられていた。長い時間そうされていていい加減離してほしかったので「先輩、硬いのが当たってますよー？」とかそんな冗談をかました。実際硬かったのだが。さすがに相手も申し訳なくなって離れるだろうと思っていたのだが、先輩は「そんなつもりじゃなかったんだけどな…」と言い、スカートの中に手を入れ、自分のをシゴきはじめた。めくって露出させなかったのは、先輩もどこかで「男とエロいことをしている」という現実から目を逸らし、少しでも「女子とエロいことをしている」感を出したかったのだと思う。

最初こそ抵抗していたが、人に触られるという普段と違う状況も相まって何もできなくなっていた。それまではひとりでシゴいても何も出ず、全身が痺れる感覚がくるだけだったため、オナニーするときは飽きたらやめるという感じだった。なので今回も途中から「早く飽きないかな」と思っていた。すると急に普段の痺れとは違う感覚がチンコから全身に走り、何かが出てきた。

スカートがベタベタして気持ち悪くなったことで一気に現実に戻り、「これが射精か…気持ちよかったけど相手男だしノーカンだな」と思った。やれと言われたので仕方なく先輩のも手コキでイカせた。

今でも、「なーにが『そんなつもりじゃなかったんだけどな…』じゃボケ、俺の初めて（の射精）は貴様じゃ」と、やり場のない怒りが蘇る。それから幾年か過ぎ、当時よりは少しは男っぽくなったものの、いまだに女装を続け、運悪くナンパしてきた男をしこたまバカにするという悪い趣味を持ってしまった。あの体験の影響は絶大であることはお分かりであると思う。ただ、堂々と女装していると友人らに公言するのはその日からやめた。

金を要求すればよかった

玲子ちゃん

［#自慰］

小学5年のときに、父の知り合いの娘さんが夏の間だけ僕の家に居候に来ました。たしか僕の住んでいる町にある短期の教室に通うためだったと思います。玲子ちゃんという人で、高校を出たばかりの19歳でした。人懐っこく、すぐに仲良くなりました。

玲子ちゃんが家に来た日の夜、僕が小学3年の妹と1年の妹と3人でお風呂に入っていると、玲子ちゃんが入ってきてくれました。玲子ちゃんは何も隠さずに入ってきました。母以外では初めて見る大人の女性の裸でした。玲子ちゃんのおっぱいは僕の母より大きく、それでいて母のように垂れてはおらずプリンプリンでした。下の毛は揃えてあったと記憶しています。玲子ちゃんは妹たちの体を洗ってくれたり、お湯で遊んだり歌ったりして楽しかったです。

翌日、また一緒に入りたくて玲子ちゃんをお風呂に誘いましたが、断られてしまいました。何日か誘っては断られるを繰り返しました。それなのに玲子ちゃんは妹たちとは一緒に入っていて、僕はいつも誰かと一緒に入っていたのでひとりで入るのが寂しかったです。

数日後、玲子ちゃんが妹たちと入っていたので、服を脱いで突入しました。玲子ちゃんは「しょうがないなー」と言って一緒に入ってくれました。やっぱり玲子ちゃんと一緒のお風呂は楽しかったです。でも、お風呂を出たあと、玲子ちゃんに怒られてしまいました。それから何日かひとりで入る日が続き、僕は耐えられなくなってしまいました。

EP.36

ある日、「どうして一緒に入ってくれないの？　寂しいよ。なんで仲間外れにするの？」と玲子ちゃんに泣きながら訴えました。玲子ちゃんは「しょうがないなー。分かった、一緒に入ってあげる。でも、妹ちゃんたちは別ね」と言ってくれました。玲子ちゃんとふたりで入ることになりました。

玲子ちゃんと一緒に湯船に浸かっているときに、

「なんで一緒に入ってくれなかったの？」

「えっ、だって…」

「？」

「だって、エッチなこと考えておちんちん立ってるんでしょ？」

「え？　そんなこと考えてないよ。それに、〝立ってる〟って何？」

「ほら、立ってるじゃん！」

と言うと玲子ちゃんは僕のちんちんを触りました。ちょっと腰が引ける感じがしました。

僕は当時エロにあまり興味はありませんでした。たまにちんちんが大きくなることはありましたが、なんか邪魔だな、くらいにしか思っていませんでした。そもそも、ちんちんが大きくなることを「立つ」と表現することも知りませんでした。僕は玲子ちゃんに触られるまで、このとき自分が勃起していることに気づいていませんでした。

「エッチなこと考えるとおちんちん立つんだよ。最初にお風呂入ったときも、こないだもおちんちん立ってたじゃん」

「え？　そうだったっけ？　知らないよ」

当時の僕にとってちんちんが大きくなるのは特別なことでもエロと関係することでもなく、自然なことだったので、本当に覚えていませんでした。

「私の裸を見てエッチな気分になりたくて一緒に入りたかったんじゃないの？」

「そんなんじゃないよ。自然に大きくなるだけだよ」

私は玲子ちゃんの裸を見ても、エロいこととは本当に思っていませんでした。ただ、事実この日を含め玲子ちゃんとお風呂に入った3回とも勃起していたようで、意識を介さずに視覚から直接勃起中枢に刺激が流れてちんちんが勃起していたのかもしれません。

なんだかちんちんがモヤモヤしてきました。

「玲子ちゃんといると楽しいから一緒に入りたいだけだよ。仲間外れにされて寂しかったよ」

「そっか。でも、おちんちんが立ってるの妹ちゃんたちに見られるのあんまり良くないよ」

「なんで？」

「エッチなこと考えてると思われちゃうよ」

「そんなことないのに」

「分かった分かった。いいよ、これからも一緒に入ってあげる。そのかわり私とふたりでならね」

「うん、いいよ」

玲子ちゃんは、僕の勃起が妹たちに悪影響だと思っていたようです。ともあれ、こうして無事玲子ちゃんとお風呂に入る許しが得られました。僕はちんちんをもっと触っていてもらいたいと思いました。

お風呂を出たあと、自分の部屋でパジャマの上からさっき玲子ちゃんにやられたように自分のちんちんを触っていました。次第に勃起してきて、頭の中が玲子ちゃんのおっぱいでいっぱいになってきました。またちんちんがモヤモヤしてくる感じがしてきました。なんだか、してはいけないことをやっている感じがしました。本能的に「これが玲子ちゃんが言っていたエッチなことなのかもしれない。このことは玲子ちゃんには知られないほうがよさそうだ」と察しました。

数日後、玲子ちゃんとお風呂に入れることになりました。僕は楽しみで仕方ありませんでした。こないだまでは単純に一緒にお風呂に入る楽しみでしたが、もはや性のパンドラの箱は開きかけていました。玲子ちゃんと服を脱いでいるときから、期待で僕のちんちんはビンビンに勃起していました。お風呂で玲子ちゃんは僕の体を洗いながら、

「ねえ、本当にエッチなこと考えてないよね？」

「考えてないよ。やめてよ」

「ふーん…」

玲子ちゃんは僕の勃起したちんちんを洗ってきました。僕は玲子ちゃんのおっぱいを凝視しながら、「変に反応したらバレちゃう、そして玲子ちゃんとお風呂に入れなくなっちゃう」と思っ

て努めて冷静を装いました。玲子ちゃんがちんちんを洗い終えると、なんだか腰が抜けそうになっていたのを覚えています。その夜も部屋でちんちんを触ってモヤモヤしていました。

その後何度か玲子ちゃんと一緒にお風呂に入り、同じようなやりとりを繰り返しました。玲子ちゃんは、エッチなことなんて考えてないと頑として言い続けた僕のことを信じていたのか、バレていたのかは分かりません。

夏が過ぎ、玲子ちゃんの居候も終わりました。妹たちは寂しがっていましたが、僕もいろんな意味で寂しかったです。お風呂に入ると、ふとした拍子に玲子ちゃんのおっぱいや玲子ちゃんにちんちんを洗われていたときのことを思い出して勃起することがありました。

ひと月ほど経った秋の日、妹たちとお風呂に入っているときに、勃起したちんちんの先をつまむようにして洗っていると、だんだんちんちんに何かが集まってくるような感じがしてきました。

突然、ちんちんから何か出る感覚がありました。漏らしちゃう！と思うと、おしっことは違うものが、ちんちんがビクビクいうのに合わせてピュッと出てきました。何か分からず、でも直感的に妹たちには気づかれないほうがいいだろうと感じ、慌ててシャワーで流しました。妹たちは湯船で遊んでいて、気づかなかったと思います。というかそう信じたいです。精通をきっかけに、お風呂にひとりで入るようになりました。玲子ちゃんのおかげ、なんでしょうか。

あれから一度も玲子ちゃんとは会っていません。先日、写真を整理していたら玲子ちゃんの写真が１枚だけ出てきました。ノースリーブのシャツを着て花火をする玲子ちゃんの、その胸元ははち切れんばかりでした。ひと夏の思い出は、僕に巨乳好きという置き土産を残していきました。

ひと夏の経験

学校説明会で出会った先輩

［＃夢精］

中学受験を控えた小6の6月。とある共学の私立中高一貫校の学校説明会に行った。そこで校内見学の際の受験生たちの案内役をやっていた中等部のお姉さんがとんでもなく美人だった。今の芸能人でたとえるならロングヘアの堀北真希に橋本環奈を足したような感じ。思い出補正も多分に含まれているとは思うけど、当時は絶世の美人に感じた。そして夏服なので下着が透けている。性の目覚めを迎えたばかりの俺は一目惚れ。その学校は第二志望だったけど（第一志望は男子校）、その先輩にまた会いたいがために志望順位を変更し、猛勉強の末に合格。卒業式後の宙ぶらりんな3月下旬のある日の夜に夢精した。夢の内容は今でも覚えている。

夢には例の美人の先輩が出てきた。先輩は下着姿で、説明会のときに透けて見えたあの下着だ。その先輩が俺に抱きつき、背中には胸が当たっている。それから「君が入学するの楽しみにしてた」なんて耳元で囁くのだ。そして先輩の手が股間に伸びてきて、射精した。

その瞬間、目が覚めた。なにやら股間が濡れている。パンツの中を見ると粘っこい液体が付着

EP.37

している。これは、間違いなくあの「精通」だ。自分も大人の仲間入りをしたんだという喜びと、憧れの先輩との学生生活が近づいていることへの期待にいてもたってもいられなくなった。窓の外を見ると薄暗い程度には太陽が昇ってきている。すぐに着替えて人生初の早朝ランニングをした。1時間程して帰宅し、シャワーを浴びて再度寝た。

そして待ちに待った中学校生活が始まった。俺は先輩に彼氏がいることを知った。

ペニスマン

EP.38

保健室登校の子

［#自慰］

中学2年生の初夏、僕は成長しゆくクラスの女子の胸が気になる健全な男子でした。

うちの中学は、体育の授業があろうがなかろうが男女ともワイシャツの下に半袖の体操着を着るのがデフォでした。だから、制服のときは夏服でもブラはあまり透けませんでした。

その日、保健室登校している仲のよかった女友達と廊下でばったり会いました。その子は中に体操着を着ないで直接ワイシャツを着ていました。ピンクの水玉のブラが透けていて、真ん中にリボンがついているのもよく分かりました。思わず、柄にもなく「かわいいブラだね」と言ってしまいました。

その子は「どこ見てんのよ」って笑いながら言ってたけど、いたずらっぽく前かがみになって「どう？　どう？」と胸元を強調してきました。胸は大きくなくて谷間もなかったけど、隙間からブラが直接見えました。僕は「何やってんだよ」って言いながらも凝視してました。その子はさらに、ふざけて「触ってみる？」って言ってきました。それを聞いた僕があまりにギラギラした目に変わったせいか、その子は「ゴメンゴメン冗談冗談」ってごまかしてました。けど、僕はその日ずっとその子の胸のことしか考えられなくなりました。

夜、その子のシャツを脱がして、ブラを脱がして、おっぱいを目の当たりにして、と想像してたら勃起したちんちんがたまらなくなりました。ズボンとパンツを脱いで勃起したちんちんを握って、なぜか自然とピストン運動させていました。わずか1分くらいだと思いますが、最大限に気持ちよくなって、上半身裸のその子がにっこり笑った瞬間、ちんちんを何かが全速力で駆け上がり、体がビクンとなってビュッと精通しました。高さ30センチくらい飛びました。びっくりはしたものの、精子、射精、精通、マスターベーションといった教科書的なことは習っていたので、「なるほどこれがそうですかようやく会えましたね」的な感じで、そんなに慌てませんでした。座布団が精液で濡れて、拭くのが大変でした。

その子は翌日以降いつも通り下に体操着を着てきました。特にその子を好きになるでもなく、友達のままでした。だけど、その後しばらく頭の中でその子を裸にしてオナニーしてました。

精通ついでに小話を。ある日、体調が悪くて保健室で寝ていると、その子がベッドのそばに来てくれました。「大丈夫?」と声を掛けられて、なんとなく不安だった僕は布団から手を差し出しました。その子は僕の手を握ってくれました。僕は安心して眠りにつきました。

しばらくしてパーティションのカーテンが開く音で目が覚めましたが、目はつぶったままにしました。その子は僕の手を握ったままでした。保健室の先生が僕の様子を見に来たか、その子を呼びに来たんだろうと思いますが、「そのままでいる?」と聞き、その子が「うん、もう少し」と答えるとまた出ていきました。僕は手を握られたまま、再び眠りにつきました。

父が迎えに来てくれて起きたときには、その子はいなくなっていました。まあ、それだけなのですが、それ以降その子が性の対象から聖の対象に変化しました。

後日その子から、生まれて初めてラブレターを手渡されました。すれ違いざまに「ハイこれ」と言って渡されて、その子は走って行ってしまいました。僕は誰にも見つからないように鞄に詰め、スキップしながら帰りました。

ドキドキしながら開封すると、その子からではなく、別の保健室登校している女の子からでした。ラブレターをくれた子も悪い子ではなかったので、どうこうしてもよかったのかもしれませんが、その子からでなかったことにがっかりして、お断りしました。

あのスキップは、何だったんでしょうか。あのドキドキは、あのがっかりは何だったんでしょうか。中学2年生の僕には理解できませんでした。

迷えるアーモンド小魚

牛の乳搾り

［#罰ゲーム］

小5か小6にうちの学校では農場に行って1泊2日農場体験みたいなことをやっていた。1日目が終わった夜、宿泊施設で同じ部屋のやつが昼間やった牛の乳搾りが忘れられないと言い始めた。その頃そういったものに多感な時期でもあったので、女の人の乳首も感触はあんな感じなのかと話題になり、それからじゃんけんで負けたやつが乳首触られるという話に。

俺はじゃんけんに負けて触られる役になった。同室の3人にこねくり回されたりつまれたりしたが、正直男の乳首なんて触ってもあんまり面白いものでもないし、痛かったしそれ自体はみんなすぐに飽きた。

だが、「今度はちんこでやったほうが牛の乳っぽい」と言い始めた。「確かに形は似てるし」ということで、そのまま成り行きで四つん這いにされ、ちんこを乳搾りみたいに触られまくった。

最初は痛かったのだが、だんだんみんなも加減がわかってきたのか絶妙な感じで触ってきて、なんかムズムズすると思ったすぐあとぐらいに白いものがいきなりちんこから飛び出た。

その後は大騒ぎだった。俺は頭がフワフワして使い物にならなかったし、精液を牛乳みたいな味するのかなとか言ってなめるやつは出るし、シーツに出してしまったので必死に洗い流したり、もう一回やりだしたりでてんやわんやだった。

結局その日はほぼ一睡もできず次の日はフラフラ。その後はそのメンバーで家でゲームとかす

EP.37

ると親に隠れて部屋で乳搾りをやりあったりもした。今思えばかなり変態だと思う。

豚足

相撲部

［#人の手で］

俺は中学のとき相撲部に入部してました。まだ入部したての1年の夏、3日間の強化合宿があり、同じ部屋で寝泊まりした先輩たちの手によって俺は精通を迎えました。

宿舎の部屋は3人部屋で、3年生の先輩と同じ部屋でした。そのふたりの先輩は普段からエロネタ全開のふたりで、まだまだ性に関しては無知まるだしだった俺に、男と女の卑猥な行為や、性に関する隠語などを教育してくるような先輩たちでした。

そんな教育の最中、俺の精通がまだであることを知ったふたりの先輩は、自慰のやりかたなどを聞かせ、数日おきに「○○、あれ、昨日してみたか？」と俺の精通を煽ってました。それでも俺は、煽りに屈することもなく未精通の日々を過ごしていました。

そんな俺にしびれを切らしたのか、合宿の部屋割りを決める際に、「○○、夜はたっぷりエロ教育してやるからな」なんてセリフをいいながら、同室の人員に1年の俺を指名してきました。「最悪」という気持ちは確かにありましたが、精通に関する「好奇心」がその最悪な気持ちに勝る部分もあって、初日の夜、半ば冗談かななんて考えていた先輩たちのエロ教育が実際に始まったときも、「嫌だ、嫌だ」と抵抗しながらも、本気で抵抗していない俺がそこにはいました。

ふたりの手によってあっさりと全裸にされ、ひとりの先輩には、太っていたために膨らんでいる胸を揉まれ、もうひとりの先輩にちんちんをしごかれ「でっ、でっ、出る！　出ますっ!!　出

EP.42

ますぅっ〜！！！」と叫びながら俺は精通を迎えました。

これが、俺の体験談です。ちょっと黒歴史ですが、あれ以来何百回という射精を繰り返してきて、あのときの気持ちよさに勝る射精時の気持ちよさを俺は経験したことはありません。

ユウイチ

EP.47

元気でワガママな彼女

［#彼女に教えられて］

僕の家は学校から遠く、通学路で小さい森を抜けるのですが、森のなかでコソコソと木に押し付けて気持ち良くなっていたとき、「これは手で押さえても気持ち良くなれるのでは？」と突然思いつきました。ズボンの中に手を入れてちんこを触っていると、どんどん大きくなってきました。5年生にして初めての勃起です。勃起したちんこを触ってピクピクする快感に夢中になり、6年生の頃にはこれは「オナニー」だという自覚がありました。他の友達より性に対して遅咲きだった僕ですが、遅れを取り戻すようにチンピクオナニーを繰り返していました。

そんな僕も中学3年の秋、やっと彼女ができます。元気でちょっとワガママでかわいい彼女です。その彼女、僕より性知識が豊富で、なんと僕は、射精経験もないままセックスすることになりました。彼女の家でイチャイチャしているとき、僕がまだ射精したことがないと伝えると、

「えーまじ!?　じゃあ生でできるじゃん」

と言われ、僕は頭に緊張とハテナマークを飛ばすしかなく、セックスの知識もほぼ無いままに彼女の中に挿入したのです。しかし、腰を動かす能力もなかった僕のセックスは、数分で彼女が飽きて終了しました。初めてのセックスは「ふーん、こんなもんか、オナニーのほうが気持ちいいや」という感じでした。彼女はぷりぷり怒っていて、「セックスが下手すぎて嫌われるのかな…」とびくびくしていると、「好きな人に生でいれたらダメなんだよ！　ガマン汁に精液が混ざってることだってあるんだから、妊娠したらどうするの！」と、至極真っ当にダメ出しされました。

彼女としては、「生でできるじゃん」→「大事な君にそんなことできないよ」→「さすが、かっこいい！」となる予定だったらしく、「私のことホントに好きなの!?」と怒らせてしまいました。僕の落ち度です。僕は動揺してしまって、「じゃあ結婚しよう、妊娠してなくても結婚しよう」と言っていました。今ではよく言えたもんだなぁと思います。友達も少ないしパソコンもないし性への知識が人より遅れていること、授業で習ったけど実際やるとなると判断できなかったことを説明すると、彼女はゲラゲラ笑っていました。「知識遅れすぎじゃない？　男なのに！」。全くその通りです。

「じゃあちゃんと手でイカしてあげるよ」と彼女は僕のちんこを触りはじめました。信じられない早さで勃起したのを覚えています。彼女は僕のちんこの皮をむいて、「なんだ、むけるじゃん」と言ったあと、「そんなこったろうと思った」と言ってお風呂に連れていかれました。ちんこの皮はむくものだと知らず、めちゃめちゃ汚かったのです。本当に恥ずかしかった。

ちんこをいい香りのボディソープでよく洗って、彼女の部屋に戻ってベッドに寝転ぶと、彼女がちんちんを優しく握ります。そして上下に動かしはじめます。これが僕にとって初めての正しいちんこの触りかたでした。彼女は過去の男たちで慣れているのか、皮を少し持ってカリの辺りをシコシコしてくれて、仮性包茎にとっていちばん気持ちいい手コキをしてくれました。過去の男たちにこのときばかりは感謝しました。

このときの僕は、今までのチンピクオナニーと違いすぎる快感に驚いていました。「あぁ――っおぉ――っ」とアメリカのAV男優みたいな喘ぎ声を出して、されるがままでした。気持ち良すぎる感覚が怖かったのですが、やめてとも恥ずかしくて言えず、彼女ならどうにかしてくれると信じて目を閉じていました。急に下半身が熱くなってきて、「やばい！」と思い、彼女を見ると彼女が「いきそう？」と聞いて、彼女も横に添い寝する形になりました。頭を撫でながらちんこをシコシコしてくれて、「何が起きても大丈夫だ、受け入れよう」と思えました。

そのとき、ちんこの中の管がグググっと開いていく感じがして、あっ!!と思ったとき、勢いよく何かが出てきました。彼女が「やったね！　そのまま止めないで！」と言っていたので、ええいままよ！とちんこの感覚を味わうことに集中しました。今までのチンピクオナニーとは比べ物にならないちんこのビックンビックンを感じながら、「あっ！　おっ！　ほっ！　おぼっ！　あぼっ！」と、わけのわからない声を上げていました。

ベッドをこえて床まで汚してしまった大量の精液をティッシュで拭きながら、射精したんだという感動に包まれました。彼女は僕の射精を見られて満足だったようで、もうちんこに飽きてポッキーをむしゃむしゃ食べていました。

今、僕は23歳になり、彼女とは色々あったものの結婚を前提に同棲しています。最初は下手くそと笑っていた彼女ですが、今では確実にちんこで3回イカせてぐったりしているので僕も頑張ったなぁと思います。

けんけんぱ

EP.42

プールの波

［#暴発］

小6のとき、習っていた水泳で精通しました。授業が終わった後の自由時間で、プールで同じ学年の他校の女の子と遊んでいたとき、ちんこが女の子のお尻に当たりそうになりました。

焦って「やばいっ」と思った瞬間になぜか勃起してしまい、しばらく当たらないように位置を調整したのですが、プールの波がすごくてお尻に思い切り当たってしまいました。当たる前から、何か出そうで気持ちよくなってたのに、お尻に密着したせいで、10秒くらいした後に、ピクピクしてなんか出ました。後で調べたら射精とわかりました。女の子には、イってるのはバレなかったけど立ってるのがバレてしまい、恥ずかしかったです。

K

保健室の先生

［＃自慰］

小学4年だったかな？　小学校の保健室です。僕の学校の保健の先生が妙にエロくて、その先生のパンチラを見たときにムクムクと大きくなってきて、「先生！　ちんちんが腫れてます！」って言ったんです。そしたら、「ベッドで休憩しようね」的なことを言われました。

そのベッドで、なんかちんこがムズムズするなーって触ってたんです。そしたら、そこで精通してしまいました。どうしたらいいか分からなかったので、「先生、なんか出てきた」と保健の先生に言いました。すると、精子のにおいを嗅がれました。そのあと少しだけちんこを見られて、少し触られたあと、「もう大丈夫よ」と言って教室に帰されました。

だいふく

EP.43

森田

［＃自慰］

小5のときに、うつ伏せでちんこに体重をかけると気持ちいいことがわかり、小6になる前にはドライオーガズムまでたどり着くことができていた。ケータイでエッチな画像を探しながらうつ伏せで腰をもぞもぞして絶頂していた。

中1のとき、他県から引っ越して来た森田という奴と仲良くなった。そいつは当時の自分よりませていて、ある日学校帰りに遊んでいるとき、「お前はどれくらいオナニーしてるの？」みたいな話を振ってきた。

「え、オナニーって大人がやるもんだろ」と返した自分に、森田は「違うし、違ってなくても俺ら大人だろ」と言った。かっこいいと思った。

森田からオナニーの仕方を教わって、夜、自室でオナニーに挑戦した。だんだん気持ち良くなってきたとき、「この感じ、いつもうつ伏せでやってるやつだ！」と気がついた。何を思ったか、ちんこを握ったままうつ伏せになり、ケツを高く上げてちんこをしごいた。うつ伏せなので息がしにくく、ハァハァ言ってしまうのもまた興奮した。いつもより気持ちいい感じがして、そして射精していた。布団にドピュッ！とぶっかけてしまった。

次の日、森田に射精できたと報告した。森田はおめでとうと笑っていた。

こんど海沿いに引っ越すんだぜ

EP.44

父子家庭

［#自慰］

僕は物心つく前から父に前立腺を刺激されていました（父子家庭です）。毎日朝起きたら、ホースをお尻の穴に刺して浣腸をするのが日課でした。夏は水、冬は温かいお湯でした。浣腸が終わると父が指を入れてほぐしてくれます。当時はそれが普通でみんな父にやってもらっているものだと思い込んでいました。

小学3年生の頃からお尻の穴をいじると射精には至らないものの、ちんちんが硬くなるようになりました。完全なる勃起というより、芯を持ったちんちんという程度です。しかし、当時の私はまだ幼く、性の知識もないものですから、とても恐ろしかったです。父もそれに気がついていて、私に「病気だからなるべくちんちんを触らないように」ときつく言いつけました。そして、病気を治療するためにと錠剤を渡され、それを飲んでいました。後から知ったのですが、これはただのビタミン剤だったようです。

それから月日が流れ、小学6年生の頃だったと思います。友達との会話で父に前立腺を刺激されることが普通ではないことを知りました。しかしその頃には、私は前立腺を刺激するのが快感になっていて、週1、2回は父に前立腺を刺激してもらっていましたし、自分でも毎日のように前立腺を刺激していました。ただお尻の穴に指を入れるだけでなく、ボールペンやマッキーペンを出し入れして遊んでいました。一度ビー玉を大量に入れすぎて取れなくなり大泣きし、牛乳を

EP.45

たくさん飲んで腹を下し、流し出そうとしましたが失敗に終わり、父に泣きついて病院に行ったこともあります。

話が脱線しましたが、いつものように前立腺を刺激していたときのことです。何故だか急にちんちんが痛み出したのです。激痛でした。それから私は病気が悪化したのかと思い、父に飲むように言いつけられていたビタミン剤を大量に口に含んで飲み下しました。そのとき、体に力が入ってしまったのか、あっけなく射精しました。

当時、私はあんまり友達と性的な話をしませんでしたので、精通がなんなのかよく分からず（保健の授業でやったようなやってないような？）、自分はもう死ぬんだと思いました。その後、仕事から帰ってきた父にお別れをするために射精のことを話したら、笑って「おめでとう」と喜んでくれました（その夜泣いているのを見てしまったが）。

精通後はネット検索でオナニーというものを知り、やってみましたが、前立腺を刺激するほうが良いと判断して、オナニーはしばらくやりませんでした。現在もときどき事務的にオナニーをしています。前立腺は毎日刺激をしています。先日父が亡くなったので思い出として投稿させていただきました。

永遠の童貞

エリマキトカゲ

［＃自慰］

幼少期、我が家では子供の髪の毛は母が切っていました。縁に襞《ひだ》のついたエリマキトカゲのようなものを首の周りに巻き、そこに切った髪が溜まるようになっていましたが、飛び出した髪がパラパラと床に散るのを母が嫌って、風呂場で切っていました。子供は全裸になって浴室に一歩入ったところに立って、母は脱衣場に一歩出たところで切っていました。僕はバリカンで坊主頭にされ、姉や妹はボブにされていました。切り終わったら子供はそのまま髪を洗ってお風呂に入り、散った毛はお湯で流せるので効率的でした。子供たちのお風呂の時間に合わせて切っていたので、切られている間も姉や妹はお風呂に入っていました。僕は全裸で髪を切られるのを見られていたし、逆に姉や妹が全裸で髪を切られるのも見ていました。

小学5年生のとき、いつものようにエリマキトカゲになって全裸で髪を切られていました。お風呂には2年生の妹が入っていました。その日は少し寒い日で、はじめ母のほうを向いていたので体の正面が寒く、背中は湯気で暖かく、温度差のせいかちんちんが勃起してきました。勃起したちんちんの皮に包まれた先っぽが窮屈というか、例えば長袖のシャツを2枚重ねて着たときに腕がちょっと居心地悪いような感じ。宮城の方言では「いずい」と言うのですが、そんな感じがちんちんにしていました。ちんちんの皮をいじって、根元に引けば良かったのかもしれませんが、僕は逆に靴下を引っ張って脱ぐようにちんちんの皮を先っぽのほうに引っ張って、亀頭と皮の間

EP.46

に隙間を作ろうとしました。しかし母に「動かないで」と言われ、ちんちんの居心地が悪いまま母に勃起を晒していました。

正面を切り終わり、後頭部を切ってもらうためにお風呂側に振り返りました。そのとき、ちんちんの皮を根元側や先っぽ側に何度か往復して引っ張ると、癒着が少し取れたのか今までの居心地の悪さが少し消えて解放感がありました。同時に、それまで皮がぱつんぱつんに張って水平に勃起していたのが、ピーンと上を向いて勃起しました。妹がお風呂から僕の垂直勃起ちんちんを見て「猫のしっぽみたーい」と言っていて、僕は猫がしっぽを振るようにちんちんを振れるかなと思ってちんちんに力を入れると、左右ではなく上下にビクンビクンと振れました。妹はそれを見て喜んでいましたが、母にやめなさいと言われてやめました。

母は髪を切り終えて、エリマキトカゲを外して出ていきました。妹は僕のちんちんに手を伸ばしてきて、猫のしっぽを撫でるように、握るか握らないかくらいの微力でサワー、サワーと撫でてきました。僕は腰を引っ張られるような、つま先立ちになるような感覚がしました。妹は「おもしろいね」と言いながら左右にブルブル振ったり、下向きにしてから手を放してペチンとお腹に当てたり、好き放題やられました。僕自身勃起したちんちんをいじったことがなく、もぞもぞするような感覚を覚えつつちんちんの動きを楽しんでいました。妹が不意にちんちんの先っぽの皮を根元側に引っ張ったとき、何かが体を貫いたような感じがして、腰がガクッときました。妹の手を離させて自分でちんちんを握って、皮の上から亀頭の部分を二度三度スライドさせた瞬間、目の前に火花がバチッと飛んだように視界が一瞬真っ白になると、ちんちんから半分白くて半分透明な液が弾け飛びました。おしっこでないとは思いつつ何かは分からず、ただお風呂でおしっこをしたと母に知られたら怒られると思って、焦って妹に「お風呂でおしっこしたのお母さんには内緒にして」と頼みました。ちんちんはすぐにしぼんで、精液はシャワーで流しました。もし妹の手を離させなかったら、あと数秒で妹の手による精通になっていたと思います。

その日以降、おかず無しでいじるだけのオナニーで快楽を貪るようになり、やがて射精の意味も理解しましたが、妹とはその後も特に気にせずしばらく一緒にお風呂に入っており、妹も僕のちんちんに特に興味を持ちませんでした。妹は本当に単におしっこを漏らしただけだと思ってすぐに忘れたんだと思います。

髪を切るとき全裸で立っているのがだんだん恥ずかしくなってきて、小学6年生のときに、家が床屋さんをしている近所の友達のところで切ることにしました。そこは友達のお父さんとおじいちゃんが理容師で、顔見知りでした。

初めて行った日はお父さんだけで、客も僕ひとりでした。男のお客さんが多いのか、『週刊プレイボーイ』や『週刊ポスト』などの男性誌が席に置いてありました。髪を切られながら雑誌をパラパラとめくると、ヌードグラビアやエッチな記事のページがありました。おじさんの手前、じっくり見るのも恥ずかしく、さりとて気にはなるので何度もパラパラとやっているとおじさんも気づいたようで、「他に誰もいないし、女の裸を見たけりゃ堂々と見なよ」と笑われました。

僕は髪を切られながらヌード写真のページをじっくり見て勃起していました。僕は今でいうホットパンツのような半ズボンを穿いていて（約30年前、当時の男の子はみんな穿いていました）、勃起はバレバレでした。

おじさんは髪を切り終わると、「えらい元気がいいな」とかなんとか言って半ズボンの上からちんちんを触ってきました。そして「うちの子より大きいかもしれんな」とか言いながら半ズボンの裾から手を入れてブリーフの上からいじってきました。僕はヌード写真をずっと見ていたのですでに十分興奮していて、おじさんの手の刺激であっという間にパンツの中に射精してしまいました。おじさんはそれに気づいて、「ごめんごめん、やり過ぎたな」とかなんとか言って、濡れたパンツを脱がせて洗ってくれて、友達のパンツを取りに行って僕に穿かせました。おじさんは「ごめんごめん、この雑誌あげるから今のは内緒な」とかなんとか言ってました。

今思えば事案なんでしょうけれど、当時は悪い気はしませんでした。友達のパンツはその後、僕のパンツと紛れてしまい、普通に使っていました。結局中学3年までその床屋さんに通い続け、そういうことは一度だけでしたが、他にお客さんがいないときはいつも髪を切られながらヌード鑑賞していました。

エリマキトカゲ

キノコ

［＃人の手で］

私の精通は小6の1月、小学校卒業が近づいてきた頃だった。私は東京のバスケットボールクラブに所属していて、運良く区代表チームに選ばれた。合同練習の末、各区代表が東京都ナンバーワンの区を決める大きな大会に出場することになるのだが、精通はその合同練習の際に起こった。

私が所属していたチームからは私ともうひとり、同い年の仲間（以下R）が代表に選ばれたのだが、同じ区とはいえほとんど初めて会う人たちと合同練習をするのだから、旧知の仲である私とRの親密度が高まるのは必然だった。

ある日の合同練習の昼休憩、私たちふたりは昼ごはんを食べながら他愛もない会話をしていた。そのとき私は、特になんにも無いのに勃起していた（俗に暇勃ちとかいわれるやつ。授業中に意味もなく勃ったりすることあるよね？）。

それに気づいたRは「お前デカくね」と私の股間を指差して言ってきた。デカいと言われるのは恥ずかしく、勃起していると弁明するのも嫌だったので、私は股間のそれをキノコだと言い張った。当然Rは信じるわけもなく、チンコだキノコだの論争に至った。するとなにやら一考してRは、「じゃあ精子が出たらチンコ確定だな？」と言ってきた。私はチンコから精子が出るということは知っていたし、その現象に興味もあったため、「じゃあ出してみろよ」と面白がって言った。

その後ふたりで個室トイレに入り、Rはなにやら手馴れた手つきで私のチンコを操った。ほど

EP.47

なくして私は射精した。初めてだったからか少量しか出なかった。そこそこの気持ちよさだった。
Rは「出た出た、これが精子な」と、得意気に言ってきた。事実上、股間のブツがチンコだと証明されたことになる。それを認めるのが何故か癪《しゃく》だった私は「これは胞子だ」と言い張り続けた。あながち間違いではない。

御神楽

A子の家

［#虐め］

僕は小2の頃から、とある女子A子に虐《いじ》められていた。虐めは、小学校の卒業前日まで止まることはなかった。その日もA子の家に連れ込まれ、奴隷扱いだった。食器を洗ったり、部屋を片付けたり…。実はA子は片親で、昼も夜も働いていて、料理洗濯などの家事はA子がしていた。今思えば虐めは寂しさから来ていたんじゃないかと感じる。だけど当時はそんなこと考える余裕なんてなかった。そしてあの日、僕は脱がされ、フェラされ、精通した。入れさせられ、生でイッた。勃起のボの字も知らなかった僕は、ただただ泣いていたのを覚えている。その後初めてオナニーしたのは10年経って社会人になってから。今がいちばん性欲が強い。僕の青春時代…。

コウ

EP.48

清拭

「#人の手で」

中学2年生のときに交通事故で大腿骨と右腕を骨折して入院しました。
入院中は看護師さんに身体を拭いてもらうんですけど、いつものベテランのオバちゃん看護師は玉裏やお尻を洗うのがメインで、毎回勃ってしまっていたので気を遣ってくれていたのかチンチンはサッと拭くだけでした。当時は包茎で、勃っても中身はまったく見えてないくらいで、オナニーも先っちょに集まった皮をサワサワと触るとなんか気持ち良いかも、というくらいで射精など都市伝説だと思ってました（笑）

2週間くらいすると真面目そうな若いお姉さんに清拭の担当が替わりました。その方は真面目なのでマニュアル通りに丁寧に洗ってくれます。マニュアル通りに皮を剥けるところまで剥いて、中の汚れを丁寧に洗ってくれました。初めて勃ってるチンチンを長く触られ、皮を剥かれて、中を洗われて、痛かったり、くすぐったかったり、気持ち良かったり、恥ずかしかったりと、もう色々と精神的には大変なことになってました。

でも、お姉さんは真面目に一生懸命やっているので「止めて」と言えず我慢してると、腰のあたりがギューンとしてきて、頭の中がスパークした瞬間にすごい勢いで射精しました。頭側にあるテレビにもたくさん飛び散っていたので、相当な勢いだったと思います。

看護師のお姉さんが「あ！　ゴメン！　あっ！　どうしよ！　ゴメン！　えっ？　どうしよ！」

EP.47

とすごいうろたえてました。騒ぎに気が付いて様子を見に来た他の看護師さんにも見られるし、最悪な精通でした。

その日の夕方、同室に入院していたガテン系のお兄さんが缶コーヒーとお菓子を持ってきて「色んなことがある。気にするなよ」と言ってくれました。見た目が怖くて一度も話したことがありませんでしたが、優しかったです。

右足のが少し短い

パラダイス

［#自慰］

ep.50

小学5年の夏、友達4人と海に行ったら、同い年くらいの女の子が浜辺のシャワーで水着を脱いで全裸になっていた。その子は体を拭くときも服を着るときも全然隠さなくて、スクール水着の日焼けの跡がくっきりとしていて、胸は少しだけ膨らんでいて、まだ毛が生えてないワレメがはっきり見え、4人でずっと凝視してた。

それから海に入ったけれど、さっきの光景が頭から離れず、水着の中で勃起したちんちんが窮屈で、みんなには内緒で、海の中で水着の裾からちんちんをはみ出させた。ちんちんが裾に挟まれる感じで、足を動かすと波の抵抗も相まって、気持ちよかった。だんだんいてもたってもいられなくなってきたので、海から上がろうと思い、ちんちんを無理やり水着の中に戻した。

浜に向かってジャブジャブ歩いていると、友達はワカメみたいな海藻を拾い、水着の左足の裾から入れて右足の裾に通して、もうひとりに海藻を左右に往復して引っ張らせて「あぁん、ちんちんがこすれるぅw」と笑って悶えてた。それを眺めていたら、自分がやられてるような気になり、それまでの刺激もあってか、ちんちんに限界がきて、ブルッと震えてちんちんから何か出た感覚があった。「おしっこかな」と思ったけど、水の中に入っちゃえば流されて分かんなくなると思って、その場にしゃがんで下半身を海に浸けて、すぐ上がった。

みんなも海から上がり、そろそろ帰ろうかと話していると、さっきと別の女の子がまた全裸になって着替えていた。また４人で凝視して、「なんだよ、ここパラダイスかよ」って笑い合った。水着が濡れて張りついてたから、みんな勃起がバレバレで、なんかテンションがハイになっていて、みんなで「見せ合おうぜ」となって、建物の裏で水着を下ろして見せ合った。裏といっても海の方からは丸見えで、たぶん見ていた人もいたと思う。

みんなの勃起ちんちんを見て興奮し、僕も水着を下ろすと、中が白い液でベタベタしていて、「お前せーし付いてんじゃん！」って笑われた。そのとき初めて、さっきおしっこが出たと思っていたのが精通だったんだと気付いた。

「水着の裾からちんちん出して泳いだら気持ちよくてさ」と言ったら「マジで!? やってみようぜ」と盛り上がったので、もう一回海に入って、みんなでちんちんをはみ出させて泳いだ。友達が射精したかどうか知らないけど、みんな気に入ったみたいだった。

この日のことを友達が言いふらしたようで、その夏は学校のプールでも、先生に気付かれないように、ちんちんを裾からはみ出させて泳ぐのが大流行した。調子に乗った友達が、プールの中で同級生の女の子にちんちんを触らせて、学級会で大問題になるまでは…。

パイロット

フレンズ・フォーエヴァー

［＃自慰］

僕が初めて自慰をしたのは小学校入学数日前の学童でのことでした。早く慣れるようにと入学前にフライングで学童に行かされたのですが、当時の学童は設備が整っておらず、一日中遊べるほどのおもちゃや漫画は揃っていなかったため、昼食後長いお昼寝タイムが設定されていました。とはいえ元気盛りの男の子が昼に寝付けるわけもなく、かといって友達と喋ったら先生に怒られるので、昼寝の時間は暇で暇で仕方ありませんでした。

この無の時間をどうしようとなんとなしに股間を揉みながら考えていると、肛門のほうから徐々に「気持ちいい」という感覚が込み上げてくることがわかりました。次第に大きくなる快感に僕の手は止まらず、気がつくと僕は学童で絶頂に達していました。

小学校にも入っていない子供が射精するわけもなく、自慰という概念も知らない僕は、まるで「人間の裏技」を発見したような興奮を得て、母に報告しました。

「おれ気付いちゃったんだけど、すげえんだよ！　ちんちんをな！　ちんちんをな！　もむと、おしっこもらしたみたいなきもちよさがすげえんだよ！　友達に教えたほうがいいよね！」と。

そのときの母の微妙な顔と、「それは自分で発見するべきものだから、みんなには内緒にしてあげて」という返答は、今でも色鮮やかに思い出すことができます。母の心情もわからず、僕は入学後、家で、おばあちゃんちで、学校で、人目も憚《はばか》らず自慰をしました。

EP.59

当時僕の中で流行っていたスタイルは、机の角をしっかりと持ち、両腕で全体重を支え、腕を屈伸させることにより股間を両腕に擦りつけるというものでした。担任の先生に「そんなオットセイみたいなのでほんとに気持ちいいの？」と質問された覚えがあります。ちなみに僕の1年生のときの担任の先生は大学を卒業したばかりの若い女の先生で、整った顔立ちをしていて、保護者の方々からも人気があったと記憶しています。

僕が「自慰」という概念を意識したのは小学校4年生くらいのことだったと思います。いわゆる「エロガキ」が各クラスにひとりぐらいいて、そいつがクラス中の男子に性教育を施すわけですが、そのとき初めて「自分が今までしていたものは〝自慰〟だったんだ」と知りました。

周りの男子が「おなにーってなんだー？」と騒いでいる中で、自分だけは数年前から自慰を知っている。自分がこの中で最も自慰に詳しいんだ。

そのような自尊心が湧き上がってきました。急に自分の経験がとても高尚なものに思えてきて、「今こそ友達に教えるときなんだ」と思い、エロガキその他に自分の経験や、今まで皆の前でしてきたオットセイめいた行動の意味をしゃべくりました。するとみんながまるで英雄を前にしたかのように僕を褒め称えてくれました。勉強も運動もからきしな僕は褒められ慣れておらず、嬉しくて嬉しくて、さしずめ自分が「自慰博士」にでもなったような気分でした。

しかし、そんな僕の有頂天も長くは続きませんでした。僕が自分の経験を告白してから数ヶ月経ったある日、ある噂が学校に流れました。

「自慰をすると白い液体がちんちんから出るらしい」

…俺出たことないんだけど？

愕然としました。かといってここで驚いた顔を見せてしまったらここまで築き上げて来た「自慰博士」の地位が一気に崩れてしまいます。射精の有無を聞いてくるクラスメイトには「多分してるよ。多分。ただあの俺、おなにーしてるとき気持ち良すぎてあんま記憶ないんだ」と嘘を吐いたりしてお茶を濁していましたが、心には虚しさが残りました。

その日から射精を強く意識して自慰するようになりました。

絶頂した。出ない。絶頂した。出ない。

絶頂した。出ない。絶頂した。ちょっとうんこ漏らした。

何度やっても射精はしませんでした。僕は次第に白い液体なんてものは出ないのではないか？ただの都市伝説なのではないか？　そう思うようになりました。しかし数日後、エロガキが教室で高らかに叫びました。

「俺昨日しゃせーしたぜ!!」

本当だった。エロガキはエロだが嘘は言わない。射精というものは、白い液体というものは、現実に存在したのです。

「○○（僕）もしゃせーしたんだろ！　俺ら仲間だな！」

嘘を吐いていた罪悪感なのか、友人に先を越された敗北感なのか、エロガキのイノセントな笑顔をまっすぐ見られなかった僕は、教室から逃げ出しました。

何が「人間の裏技」だ。

何が「自慰博士」だ。

調子に乗っていた自分が惨めで、射精できない自分が悔しくて、個室トイレで泣きました。あれだけ好きだったオナニーが嫌いになりました。これから何をとりえにして生きていけばいいのだろうか。この先生きていても良いことなんてあるのだろうか。子供ながらにそのような絶望感を味わったことを強く覚えています。

少し経ってドアを叩く音がしました。どうやらいきなり教室を出ていった僕を心配して、エロガキがトイレまで追いかけて来たようでした。

「どうしたんだよ？　俺今日お前とおなにーの話すんの楽しみにしてたのに」

エロガキの優しさに嬉しいやら気まずいやらで頭の中がぐちゃぐちゃになった僕は、個室から出てエロガキに全てを話しました。

自慰しても射精できないこと。

自慰が嫌いになったこと。

自分のちんちんがぶっ壊れているということ。

最後まで神妙な顔で聞いていたエロガキは、僕が話し終えると、こう言いました。

「お前、なんか難しく考えすぎなんじゃね？　もっとおなにーを楽しめよ」

目から鱗が落ちました。最近の僕は射精しよう、射精しようと思うあまり、自慰本来の楽しさ、気持ち良さ、素晴らしさを忘れていました。自慰の目的は射精ではない。手段こそが目的であり、目的こそが手段なのだと。この、「オナニーを楽しむ」という言葉は、大人になった今でも自分を救ってくれた言葉として、心の中で燦然《さんぜん》と輝いています。エロガキに礼を言い、その後は通常通り授業を受けて家に帰りました。

いつ射精しても良いように、風呂でオナニーをすることにしました。怒張したソレを強く握り、刺激を始めます。１ストローク１ストロークに快感がありました。脳裏に浮かぶのは同級生の下着、父が買った週刊誌のヌード、１年生のときの担任の困惑した顔。それまで経験した全てのエロを掌に込めました。背中に当たるシャワーが心地良かったのを覚えています。

何かが体の中心からせりあがってくるような感覚。

今すぐ家を飛び出して好きな女の子の家まで走りたい衝動。

本能で理解しました。これが射精なのだと。

タタタッと風呂場の床に精液が垂れました。それは祝砲のようで、涙のようでもありました。

こうして僕は精通を迎えたのでした。

オナニーには終わりがあるが、友情に終わりはない。

エロガキとはいまだに「今日のオカズ」をLINEで発表し合うくらいの仲です。

無記名

みんなの精《せい》通《つう》

EVERYONE'S SEITSU

2019年9月20日　第1刷発行

編　ナ月《づき》
絵　阿《あ》部《べ》洋《よう》一《いち》

ブックデザイン　野条友史（BALCOLONY.）
DTP　小林寛子
編集　方便凌
発行人　北畠夏影

発行所　株式会社イースト・プレス
〒101-0051 東京都千代田区神田神保町2-4-7 久月神田ビル
TEL　03-5213-4700
FAX　03-5213-4701
http://www.eastpress.co.jp

印刷所　中央精版印刷株式会社

ISBN978-4-7816-1814-2　C0095
Printed in Japan